新编21世纪高等职业教育精品教材·电子商务类

农产品
电子商务运营

主　编 / 葛晓滨

立德树人　案例生动　内容丰富　资源立体

中国人民大学出版社
·北京·

前言

随着我国农业现代化步伐的加速推进及信息技术与农业产业的深度融合，农产品电子商务正以前所未有的力量改写着传统农产品流通格局，有力地促进了农业产业结构转型升级，赋能乡村振兴战略实施，并满足了现代消费者日益多元化的食品消费需求。基于此，我们精心编撰了这本教材，旨在为相关专业的学生、涉农企业和电子商务从业人员以及研究者提供兼具系统性、实用性和前瞻性的专业支持。

当前，在信息技术迅猛发展的大背景下，电子商务的独特优势正逐步深化，并革新着农业产业链的各个环节。本教材紧贴时代发展脉络，专注于快速崛起的农产品电子商务领域，力求为广大读者呈现一套全面、务实且具有前瞻视野的理论框架与实战指导方案。

本教材从农产品电子商务运营的基本概念解析起航，剖析其在国家政策扶持下的巨大发展空间和未来发展趋势，同时详细阐明相关的法律法规和行业规范，为农产品电子商务企业的合规运营筑起坚固基石。在此基础上，我们深度探究了互联网思维与创新思维在农产品电子商务领域的具体运用，强调从用户思维出发的服务理念和创新驱动的商业模式转型。然后，教材进一步细致梳理了农产品电子商务运营的各个环节，包括但不限于运营模式的探索、平台的选择、商品处理技术、品牌建设策略、营销推广艺术、物流管理体系构建以及用户运营和供应链管理等内容。整部教材覆盖了农产品电子商务运营的关键领域，致力于构筑一套完善而精细的知识体系，旨在理论联系实际，引导读者在瞬息万变的电商环境中洞察先机，使农产品电子商务运营迈向更高水平。

本教材是安徽财贸职业学院提质培优全员行动计划承接类项目——安徽省高等学校省级质量工程项目校企双元合作开发的职业教育规划教材《农产品电子商务运营》的工作成果，也是2021年度安徽高校自然科学研究重点项目“乡村振兴背景下农产品电子商务精准化运营技术研究”（项目编号：KJ2021A1528）的工作成果。教材的编写工作，由安徽财贸职业学院的葛晓滨老师倾力完成，教材的案例搜集与分析、实战检验及相关的技术要点指导由合肥荣电实业股份有限公司的王超先生负责，展现了校企合作的实际效果。

本教材适用于高等院校相关专业的教学活动，亦可作为各类涉农企业和电子商务从业人员自我提升的学习资料，同时也可作为对农产品电子商务领域感兴趣的研究者的参考资料。

在编写本教材时，我们深入钻研了该领域的众多前沿研究成果、行业报告、相关政策法规，并汲取了丰富的实践经验。我们致力于呈现一部内容翔实、数据精准、案例生动的作品，以期为读者提供全面且深入的指导。此外，我们也积极借鉴了国内外农产品电子商务领域的先进理念和成功案例。在编写过程中，我们紧密结合我国农业发展的现状和市场需求，力求使教材内容更加贴近实际，更具针对性和指导意义。

尽管由于篇幅限制，我们无法在教材中逐一列出所有的参考文献及资料来源，但我们由衷地感谢这些作者的辛勤付出和卓越贡献。他们的研究成果为本教材的编写提供了宝贵的参考和启发。在此，我们向他们以及其他所有为农产品电子商务领域做出贡献的作者、学者和实践者表示衷心的敬意和感谢。虽然我们竭尽全力确保教材内容的准确性和实用性，但鉴于学术研究和实践探索的不断演进，教材中难免有不足之处，敬请读者批评指正。我们期待这部教材能够成为广大读者深入学习农产品电子商务运营的有益工具。

编者

目录
Contents

项目一 农产品电子商务运营的概念、政策与环境

素养目标

1. 培养关注我国农产品电子商务运营的政策环境的意识；
2. 树立在农产品电子商务运营过程中遵纪守法的职业理念。

知识目标

1. 认知农产品电子商务运营的相关概念；
2. 熟悉农产品电子商务运营的政策环境。

能力目标

1. 能辨析农产品电子商务的相关概念；
2. 能运用所学的知识分析农产品电子商务运营的现状和未来发展趋势。

背景知识

在工业经济时代，交通是封闭村落摆脱贫困最直接、有效的方式。在互联网经济时代，网络是助力农村发展的重要利器。电子商务能在助农上大有可为，是因为电子商务能够为农产品提供进入城乡各领域的渠道，更关键的原因在于，电子商务能消除很多信息壁垒，实现农产品供需的精准匹配。

农产品电子商务有着巨大的发展空间，我国政府从培育电子商务主体、建设电子商务集聚区、完善支撑体系、保障要素资源、优化发展环境、采取保障措施等方面不断加大支持与促进农产品电子商务发展的力度，统筹推进电子商务发展。同时，政府对农业的支持力度不断加大，也有利于农产品电子商务更好地发展。

项目探索

任务一 认知农产品电子商务运营相关概念

一、农产品电子商务运营相关概念

农产品电子商务运营涉及很多相关的概念，例如我们经常提及的“三农”、农村电子商务、农资电子商务等。下面我们先认识一下这些概念。

（一）“三农”的概念

“三农”是指农业、农村和农民。

（1）农业：包括种植业、畜牧业、渔业等多个方面，是国民经济的基础组成部分。它不仅为人们提供食物和其他农产品，还对国家的食品安全、生态平衡以及相关产业链的发展起着关键作用。

（2）农村：一般指以从事农业生产为主的劳动者聚居的地方。农村不仅是农业生产的主要场所，也是农民生活和进行文化传承的空间。

（3）农民：是指从事农业生产的人群，他们的福祉、受教育水平和收入状况直接影响农业的持续发展和农村社会的稳定。

“三农”是中国社会经济发展中的一个重要方面，它关系到我国的国民素质、经济发展，关系到社会稳定、国家富强。其实，“三农”现在也不单单指农业、农村、农民三个领域，与其相关的领域，如农村各产业种植和经营，农业的新型现代化、功能多元化，现代农村的多元化、城镇化、社区化，农场机械化，农产品电子商务等，都可以包括在“三农”范围内。

（二）农村电子商务的概念

农村电子商务是指通过网络平台连接各种服务于农村的资源，拓展农村信息服务业务、服务领域，通过分布于县、镇、村的信息服务站实现的面向农村的商务活动。

农村电子商务活动离不开各种配套平台的支持，农村电子商务平台是配合密集的乡村连锁网点，以数字化、信息化的手段，通过集约化管理、市场化运作、成体系的跨区域跨行业联合建立的紧凑而有序的商业联合体。通过农村电子商务平台，可以降低农村商业运作成本，扩大农村商业活动领域，使农民成为平台的最大获利者，使商家获得新的利润增长。农村电子商务平台的基础就是互联网和物联网，先利用互联网等现代信息技术在线上交易平台上将农产品从农村销售到城市，或将工业品从城市销售到农村，再通过物联网体系的物流配送完成实体货物的转移。农村电子商务的出现打破了传统交易中商品销售的地域限制。

农村电子商务根据交易双方的不同可以分为两大类：一类是农产品上行，即农村的各类产品通过互联网销售到城市，并且在电子商务交易过程中对农产品进行增值处理，从而增加农民的收入，加快我国新农村建设进程。另一类是工业品下行，即城市的各类工业产品通过互联网销售到农村，这使得农民足不出户便享受到全球各地的优质产品。

（三）农产品电子商务的概念

农产品电子商务是指通过网络平台对农产品进行交易的形式。农产品电子商务可以拓展农村信息服务业务、服务领域，使广域空间意义上的农村中的农民也能够享受到信息化、互联网化的便捷服务。农产品电子商务可以简单地理解为“电子商务＋农产品”，它是互联网与农业相结合的表现形式。

农产品电子商务将信息技术应用到农业生产和农产品销售的方方面面，将生产者、销售者和消费者连接起来，使农产品从生产到销售的全过程都有迹可循。同时，农产品电子商务能够通过数据分析，更加合理、有效地利用资源，减少农产品在生产加工和运输过程中的损耗，加快农产品流通速度，扩大农产品的市场。

（四）农资电子商务的概念

农资电子商务是指通过网络进行农业物资的采购以及农产品的营销，实现农业各个环节中采购和销售的电子商务化。它涵盖了农业领域的各个方面，包括农产品的在线购买、农产品的在线销售、农业信息的发布与交流等。

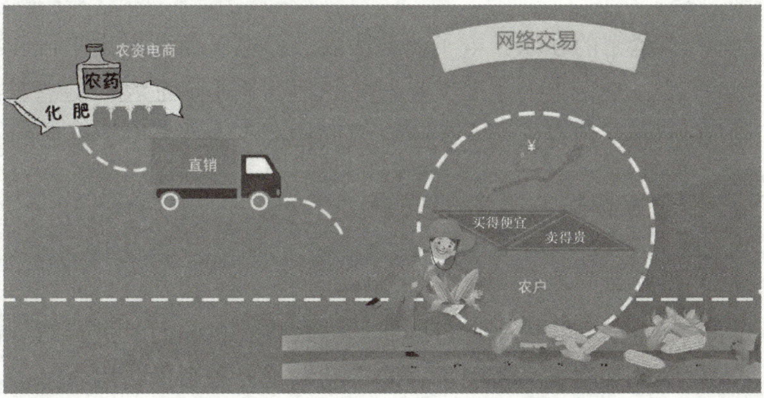

农资电子商务的发展，为农民和农业企业提供了更加便捷、高效的购销渠道，同时也促进了农业的信息化和现代化发展。通过网络平台，农民可以更方便地获取农资产品信息，比较价格和质量，从而选择更合适的农资产品；同时也可以将自己的农产品销售到更广阔的市场，提高农产品的附加值和市场竞争力。此外，农资电子商务还推动了农业信息的共享与交流，促进了农业生产技术的传播与推广，提高了农业生产效益和农民收入水平。

农资电子商务是农业现代化的重要组成部分，对于推动农业发展、促进农民增收、提升农村经济水平具有重要意义。

集思广益

如何理解“三农”的概念？

二、农产品电子商务概念的理解

农产品电子商务的概念可以从以下几个方面来理解：

首先，农产品电子商务本身就是一个核心概念，它包括围绕农产品的生产、经营而开展的一系列电子化的交易和管理活动，这些活动涵盖了农产品从生产地到消费者手中的全过程，如农业生产的管理、农产品的网络营销、电子支付、物流管理以及客户关系管理等。在这个过程中，信息技术和网络系统起到了关键的支撑作用。

其次，电子商务是农产品电子商务的基础和前提。电子商务利用计算机技术、网络技术和远程通信技术，实现了商务活动的电子化、数字化和网络化。它为农产品电子商务提供了平台和技术支持，使农产品的交易和管理能够更加高效、便捷。

再次，农产品是农产品电子商务的交易对象。农产品作为农业生产的成果，具有丰富多样的品种和广泛的市场需求。农产品电子商务为农产品的销售提供了更广阔的市场空间，同时也为农产品的质量安全和溯源管理提供了技术手段。

最后，物流是农产品电子商务中不可或缺的一环。农产品电子商务的交易需要物流体系的支持，以实现农产品的及时配送和交付。物流的效率和质量直接影响农产品电子商务的交易效果和用户体验。

这些要素之间具有紧密的联系：电子商务为农产品电子商务提供平台和技术支持，农产品则是农产品电子商务平台上的主要交易对象，而物流是保证农产品电子商务交易顺利进行的关键环节。它们相互依存、相互促进，共同构成了农产品电子商务的完整体系。

三、农产品电子商务相关概念的关系

（一）农村电子商务与农产品电子商务的区别

广义上来说，农村电子商务就是通过网络的方式将农村的商品进行对外出售，包括但不限于农产品、农村服务甚至人力资源等。农产品电子商务则是利用电子商务平台出售自己的农产品。简单地说，农村电子商务是农村的电子商务的总称，而农产品电子商务和农资电子商务则是其中两个不同的分支。

农村电子商务与农产品电子商务虽然在某些层面上有交集，但侧重点和覆盖范围有所不同，具体如下：

（1）业务范围上，农村电子商务包括但不限于农产品的线上销售，还包括各类生活消费品、生产资料的互联网购销服务。而农产品电子商务的主要业务是农产品的网上展示、交易、支付和物流配送，着重解决农产品进城难、销售半径受限等问题。

（2）涉及面上，农村电子商务涉及的是农村市场的整体商贸流通，旨在改善农村地区消费环境，促进城乡商品流动，提高农民生活水平和农业生产效率。而农产品电子商务则更聚焦于农产品作为商品在互联网上的交易行为，即通过电子商务平台进行农产品的线上销售和采购。

因此，农村电子商务是一个更为宽泛的概念，它包含了农产品电子商务这一特定分支，同时囊括了农村区域内的其他电子商务活动。而农产品电子商务则是在农村电子商务框架下专门处理农产品线上销售的细分领域。

（二）农村电子商务的上行与下行的区别

农村电子商务的上行和下行主要指不同方向的商品流动和交易过程。

1. 农村电子商务上行

（1）概念上，农村电子商务上行指的是农村地区生产的农产品、手工艺品等特色产品通过电子商务平台销售给城市或其他地区消费者的流通方式。

（2）形态上，农民或农村合作社通过电子商务平台将农产品或者地方特产销往全国各地，甚至是国际市场，帮助农民增收，同时满足城市消费者对绿色、原生态农产品的需求。

2. 农村电子商务下行

（1）概念上，农村电子商务下行主要指的是城市或其他发达地区生产的工业品、消费品等通过电子商务平台流向农村的过程。

（2）形态上，家电、日用品、农业生产资料和设备等商品通过电子商务平台被农村消费者购买，并通过物流系统送达农村地区，从而丰富农村居民的生活消费选择，改善其生活质量。

总之，农村电子商务下行关注的是城市商品如何高效地进入农村市场，满足农村居民的消费需求；而农村电子商务上行关注的则是如何利用电子商务渠道，打破地理限制，让农村商品能够迅速销售到更广阔的市场，实现农产品价值的最大化。两者相辅相成，共同促进城乡经济的协调发展。

集思广益

农村电子商务和农产品电子商务的关系，你能分辨清楚了吗？请同学们分组说一说。

运营故事

灌南电子商务推动三大特色农产品做大做强

近年来，灌南县全面贯彻中央、省、市精神，以产业富民为核心，大力发展农村电子商务，被列为全省农业供给侧结构性改革成效显著县。其中，食用菌、设施葡萄、稻田综合种养为灌南县主要特色农产品。灌南全县农村电子商务由江苏大业电子商务有限公司负责运营，全面对接三大特色农产品生产、经营、管理和服务等各个环节，有效促进现有产业发展和转型升级，并催生新的产业，成为实施乡村振兴战略的重要抓手，增强了农村电子商务对农村经济的带动作用。

资料来源：杜娟．灌南电子商务推动三大特色农产品做大做强．（2022-03-09）[2024-11-08]. https://3g.163.com/news/article/H20P0EOG00019UD6.html.

【分析提示】

灌南县通过电子商务平台，助推农业产业和市场需求对接，推动了农业结构调整和农产品品质提升，充分发挥了电子商务在农村产业发展中应有的作用。

任务二 了解农产品电子商务运营的宏观环境

近年来，随着数字乡村建设、电子商务进农村综合示范、乡村振兴等工作的深入推进，农村电子商务展现出良好的发展态势，未来农村电子商务将以互联网为载体，进一步聚焦数字化在农业全产业链条中的创新应用，运用数字化技术提供系统集成优化方案，由销售端向供应链、产业链直至价值链进行改造，最终重新构建农业生态体系，推动农村经济高质量发展。

由于实际中，国家往往针对农村电子商务颁布相关政策，而这些政策又会对农产品电子商务产生直接的影响，因此，下面我们基于农村电子商务，通过国家的相关政策揭示农产品电子商务运营的宏观环境。

一、农村电子商务政策概况

（一）农村电子商务国家政策

从培育农村电子商务供应链、促进产销对接，到实行电子商务进农村综合示范项目，国家针对农村电子商务的政策越来越明确，目标也越来越清晰。

近年来，我国关于农村电子商务的政策保持了较好的连续性和稳定性，政策的总体导向是以实施乡村振兴战略为总抓手，抓重点、补短板、强基础，围绕“巩固、增强、提升、畅通”，深化农业供给侧结构性改革。

在不同时期，我国关于农村电子商务的政策有不同的主题，以五年规划为例，我国农村电子商务相关政策的主题经历了一个变化的过程，如表 1-1 所示。

表 1-1 从“八五”计划到“十四五”规划我国农村电子商务相关政策的主题

规划时段	主要内容
“八五”计划	全面振兴农村经济
“九五”计划	全面振兴农村经济
“十五”计划	重视信息网络技术在农产品交易、农业技术推广等领域的应用
“十一五”规划	加快供销合作社经营网络改革和城市商业网点向农村延伸
“十二五”规划	积极发展农产品流通服务，加快建设流通成本低、运行效率高的农产品营销网络
“十三五”规划	鼓励互联网企业建立产销衔接的农业服务平台，加快发展涉农电子商务
“十四五”规划	完善城乡融合消费网络，扩大电子商务进农村覆盖面

小贴士

五年规划：全称为中华人民共和国国民经济和社会发展五年规划纲要，是中国国民经济计划的重要部分，属长期计划。1955 年 7 月，全国人大一届二次会议审议通过了第一个五年计划，简称“一五”计划（1953—1957 年）。从“十一五”起，“五年计划”改为“五年规划”。

（二）农村电子商务重点政策解读

我国针对农村电子商务的发展出台了一系列支持政策，旨在推动农村电子商务的快速发展，提升农村地区的经济水平，助力乡村振兴战略的实施。这些政策主要涵盖以下几个方面：（1）物流体系建设。国家出台了《国务院办公厅关于推进电子商务与快递物流协同发展的意见》等政策文件，推进农村物流体系建设，以更好地服务农村电子商务的发展。（2）综合示范工作。财政部、商务部、国务院扶贫办等部门持续开展电子商务进农村综合示范工作，以推动建立农村现代市场体系，助力乡村振兴。（3）基础设施建设。国家政策强调加快完善县、乡、村三级农村物流体系，改造提升农村寄递物流基础设施，深入推进电子商务进农村和农产品出村进城。（4）市场主体培育。国家政策提出要培育和壮大农村电子商务市场主体，发展线上线下融合的现代农村商品流通和服务网络。（5）公共服务体系建设。通过实施“三品一标”认证培训、建立全国农产品产销对接公益服务平台等措施，不断完善农村电子商务公共服务体系。

这些政策措施体现了国家对农村电子商务发展的高度重视，旨在通过完善基础设施、优化服务体系、培育市场主体等多方面的努力，推动农村电子商务的健康发展，进而带动农民增收，实现农村经济的繁荣。

下面，我们对一些关键政策进行解读和分析。

1. 电子商务进农村综合示范项目

自 2014 年起，国家持续开展电子商务进农村综合示范工作，推动了全国农村电子商务的发展。该项政策通过国家财政资金支持，促进农村电子商务发展，推动电子商务和农民增收等形成良性循环。示范县承担着探索农村电子商务发展的重任，起到了示范带动的作用。

电子商务进农村综合示范项目通过整合各方资源，构建培训、物流、农村服务站、农产品营销和供应链等体系，解决理念、创业培训、项目孵化、氛围营造、农产品销售、O2O农村消费等问题；提供公共仓储、代发货等基础服务以及品牌包装、项目咨询申报、网店运营指导及代运营、商标代办等各类综合增值服务；加强品控，制定标准，建立农村产品供应链上行体系；推动政府制定相关配套政策，协助农村群众对接政府相关职能部门及第三方服务商（如物流、金融）等。

通过实施电子商务进农村综合示范项目，大力发展农村电子商务，农产品进城和工业品下乡畅通、线上线下融合、涉农商品和服务消费双升级的农产品流通体系和现代农村市场体系加快建立，培育了一批各具特色、经验可复制推广的示范县。示范县重点商贸流通企业依托电子商务实现转型升级，物流成本明显降低。农产品进城和工业品下乡有效畅通，农村网络零售额、农产品网络零售额年均增速高于全国平均水平，农村消费产品质量明显提升。

同时，电子商务进农村综合示范项目聚焦乡村振兴，落实高质量发展要求，充分运用电子商务发展成果，以创新引领农村流通转型升级，以信息化驱动农业农村现代化，夯实农村物流设施设备基础，健全农村电子商务公共服务体系，培育壮大农村市场主体，促进农产品进城和工业品下乡，使人民群众的美好生活需求更好地得到满足。

集思广益

在互联网上搜索国家电子商务进农村综合示范县的名单和相关报道，了解电子商务进农村综合示范项目的实施情况。

运营故事

临夏县国家电子商务进农村综合示范项目

为进一步促进电子商务发展，推动电子商务成为民营经济调结构、转方式、增效益的重要动力和促进就业的主要途径，提升劳动者网络创业能力，实现自我增收的同时带动群众增收，临夏县摸索社交电子商务赋能培训和乡村振兴的新路子，引导农村消费者利用互联网降低生活消费成本，鼓励农村创业青年利用网店创业，提升农村电子商务从业人员的专业技能，引导传统企业利用互联网转型升级，营造全县电子商务发展氛围，改善电子商务环境，带动县域电子商务发展。

资料来源：搜狐．临夏县国家电子商务进农村综合示范项目：电子商务宣传．（2023－09－08）［2024－11－08］．https：//www.sohu.com/a/718844269_121230390.

【分析提示】

临夏县通过国家电子商务进农村综合示范项目营造了良好的电子商务发展氛围，有效解决了电子商务发展进程中专业技能人才缺乏的问题，推动电子商务知识和电子商务技术进村、入户，培养了一批既懂农业又懂互联网的新型电子商务人才，促进了信息化与农业现代化的深度融合。

2．“互联网＋”农产品出村进城工程

党中央、国务院高度重视农产品流通，国务院相关部门根据实际情况，出台了一系列促进农产品流通的举措，如2019年末发布的《农业农村部 国家发展改革委 财政部 商务部关于实施“互联网＋”农产品出村进城工程的指导意见》；2020年5月农业农村部印发的《“互联网＋”农产品出村进城工程试点工作方案》。

“互联网＋”农产品出村进城工程旨在充分发挥网络、数据、技术和知识等要素作用，建立和完善适应农产品网络销售的供应链体系、运营服务体系和支撑保障体系，促进农产品产销顺畅衔接、优质优价，带动农业转型升级、提质增效，拓宽农民就业增收渠道，以市场为导向推动构建现代农业产业体系、生产体系、经营体系，促进农业农村现代化。

3．《数字农业农村发展规划（2019—2025年）》

2019年12月，农业农村部、中央网络安全和信息化委员会办公室印发了《数字农业农村发展规划（2019—2025年）》，对新时期推进数字农业农村建设的总体思路、发展目标、重点任务做出明确部署，擘画了数字农业农村发展新蓝图。这是贯彻落实党中央关于建设网络强国、数字中国、智慧社会、数字乡村等系列战略部署的重要举措，是新时期数字农业农村建设的行动指南。

集思广益

数字农业农村建设对农村电子商务有什么影响？

二、政策引领下的农村电子商务发展趋势

随着电子商务进农村综合示范、“互联网＋”农产品出村进城、数字农业农村建设等工作深入推进，我国农村电子商务继续保持高速发展态势，农村网络零售市场规模和农产

品上行规模不断扩大，农村消费市场潜力进一步释放。农村电子商务已成为农村经济的重要组成部分，为农民提供了更多的商业机会和就业机会。但是，农村电子商务也面临着越来越多的挑战，需要不断提高自身的竞争力，才能在市场上获得更多的份额。同时，政府和企业也需要加大对农村电子商务的支持力度，为农村电子商务的发展提供更好的环境和条件。

下面，我们简要分析一下未来农村电子商务的主要发展趋势。

（一）农村电子商务的政策扶持力度加大

国家对农村电子商务的重视程度不断提升，政策支持力度也在持续加大，具体体现在以下几个方面。

1. 政策文件密集出台

中央一号文件连续多年强调发展农村电子商务，国务院办公厅也出台了《关于促进农村电子商务加快发展的指导意见》等专门针对农村电子商务发展的政策文件，明确了农村电子商务的发展方向和重点任务。未来我国将继续制定支持农村电子商务发展的政策，加大对农村电子商务的政策支持力度。

2. 财政资金投入持续增加

我国各级政府将持续加大对农村电子商务的财政支持力度，设立专项资金，用于支持农村电子商务基础设施建设、人才培养、品牌打造等方面。

3. 示范项目推动

我国将继续在全国范围内开展电子商务进农村综合示范工作，选择具有代表性的县、市进行试点，通过示范效应带动全国农村电子商务发展。

4. 政策环境优化

简化农村电子商务企业的注册流程，降低市场准入门槛，为农村电子商务企业提供更加便利的政策环境。

5. 公共服务平台建设

政府将大力支持建设农村电子商务公共服务平台，提供商品展示、信息咨询、交易对接等服务，帮助农民更好地利用电子商务平台进行销售。

6. 物流体系完善

国家将持续加大对农村物流体系的建设力度，解决“最后一公里”配送难题，确保农产品能够快速进入市场。

7. 产业融合发展

鼓励农村电子商务与特色农业、旅游业等产业融合发展，打造新的产业链条，增加农民收入渠道。

8. 网络基础设施建设

加快农村地区宽带网络建设，提升网络传输速度，扩大网络覆盖范围，为农村电子商务的发展提供坚实的基础设施支持。

9. 监管体系建立

建立健全农村电子商务监管体系，规范市场秩序，保护消费者权益和农民利益。

政策支持力度的加大可以使农村电子商务的发展获得更加有力的保障和支持，进一步推动农村电子商务的快速发展和转型升级。

（二）农村电子商务物流体系优化

国家政策强调加快完善县、乡、村三级农村物流体系，改造提升农村寄递物流基础设施。这表明未来农村电子商务将得到更为高效的物流支持，这有助于解决农村地区物流配送的难题，促进农产品顺畅出村进城，同时也便于农村消费者购买到更多种类的商品，提高农村消费质量。

农村电子商务物流体系的优化具体体现在以下几个方面。

1. 冷链物流

随着农村电子商务的快速发展，特别是易腐农产品如水果、蔬菜、肉类和海鲜销售的增加，冷链物流系统的建设和完善变得尤为重要。未来冷链物流的发展主要包括冷藏设施的扩充、冷藏车辆的增加以及冷链跟踪技术的改进，以确保农产品在运输过程中的新鲜和安全。

小贴士

冷链物流：指在产品的生产、储存、运输、销售以及消费前的各个环节中，始终保持规定的低温环境，以保证产品质量和减少损耗的系统工程。冷链物流主要用于对温度敏感的产品，如农产品、药品等。这些产品在流通过程中必须保持在特定的温度范围内，以确保其新鲜度、品质和安全性。

2. 供应链管理

通过采用先进的供应链管理技术，比如物联网（IoT）、大数据分析和云计算等，实现对农产品从田间到餐桌整个流程的实时监控和优化，提高物流效率并减少损耗。

小贴士

供应链：是一个涵盖产品从生产到送达最终用户的整个流程的网络结构，包括计划、采购、制造、发运、退货等各个环节。供应链是一个由多个参与主体组成的网络，这些主体包括供应商、制造商、运输商、分销商、零售商，以及最终的消费者等。

3. 多元化配送模式

结合农产品特性和消费者需求，探索多种配送模式，如社区团购、即时配送、无人配送车配送、无人机配送等创新模式，以满足不同层次的市场需要。

4. 物流成本控制

通过优化路线规划、提高装载率、合理调度运输资源等措施来降低物流成本，提高整体运营效率。

5. 标准化与模块化包装

推行标准化与模块化的包装方法，不仅有助于保护农产品，减少物流过程中的损耗，也便于搬运和运输，提高物流作业效率。

6. 信息化与数字化

利用信息技术来加强物流信息系统的建设，实现订单处理、库存管理、运输跟踪等环节的数字化，以支持更精准的决策和管理。

7. 社会化物流服务

发展第三方物流（3PL）和第四方物流（4PL）服务，提供更加专业的物流配送、仓储管理、订单执行等服务，降低自建物流的成本和技术难度。

8. 可持续发展与环保

推动绿色物流和循环经济的发展，比如使用可回收的包装材料、优化运输模式以减少碳排放等，使农村电子商务物流更加符合社会责任和环保的要求。

总之，农村电子商务物流体系将不断向智能化、专业化和高效化的方向发展，以适应日益增长的市场需求和不断加大的竞争压力。

（三）农村电子商务线上、线下融合发展

农村电子商务需要创新商业模式，未来农村电子商务平台与实体店将紧密合作，充分利用线下社区实体店资源，拉近与消费者的距离，提升消费者的体验感；同时，在线上将社区消费者的需求汇集起来，然后进行统一采购和社区配送，大幅度降低农产品快递成本。农村电子商务平台利用积累的大数据赋能实体店，准确分析消费者对产品的关注点和走势，实时掌握用户需求及动向，满足消费者个性化、差异化的消费需求，实现订单农业、预售农业的发展，最终实现线上、线下互动和融合发展。

这种农村电子商务线上、线下融合发展的趋势主要体现在以下几个方面。

1. 新零售模式

新零售模式强调线上、线下及物流三者的深度融合，通过电子商务平台进行线上销售，同时建立线下体验店或自提点，提升消费者的购买体验和便利性。

2. 智能化管理

应用物联网、大数据、人工智能等技术对农产品生产、加工、储存、销售等环节进行智能化管理，提高效率并降低成本。

3. 供应链整合

构建线上、线下一体化的供应链体系，通过集中采购、统一配送等方式，降低流通成本，提高供应链效率。

4. 多渠道营销

结合线上商城、社交媒体、内容电子商务等多种渠道进行产品推广和销售，同时利用

线下活动增强用户黏性，提升品牌影响力。

5. 数据驱动决策

通过收集和分析线上交易数据以及线下消费行为数据，更好地理解消费者需求，优化库存管理和产品布局。

6. 社区团购与直播电子商务

借助社区团购和直播电子商务等新兴模式，将本地的生鲜农产品快速推向市场，满足消费者对新鲜农产品的需求。

未来，农村电子商务线上与线下融合的发展趋势将继续深化，为农村电子商务带来更广阔的发展空间，同时也为消费者提供更加丰富和便捷的购物体验。

（四）农村电子商务个性化和品牌化

个性化和品牌化是未来农村电子商务发展的一个重要趋势，它要求通过创新手段满足消费者对特色、高品质农产品的需求，同时建立良好的品牌形象以增加农产品附加值。

具体而言，这一趋势主要表现在以下几个方面。

1. 个性化定制

随着消费者对健康和生活品质关注度的提高，市场对个性化农产品的需求日益增长。农村电子商务将通过提供定制化服务，如定制化的膳食盒子（每周定时送达的新鲜蔬果篮子）、个性化礼品包装等，来吸引和保持消费者的兴趣。

小贴士

个性化定制：是指根据个人特征或特定需求提供定制服务或产品，它旨在为用户提供独特的、符合个人喜好的体验。

2. 原产地直供

电子商务平台与特定产地直接合作，保证产品的原产地品质，满足消费者对于特定地域产品的需求，如某些知名产区的水果、茶叶等。

小贴士

原产地：是指产品的最初来源地，即产品的生产地或制造地。

3. 农产品质量追溯

利用区块链、物联网等技术实现农产品从田间到餐桌的全程可追溯，提高透明度，让消费者对产品的品质更有信心。

4. 品牌故事营销

借助品牌故事，如讲述产品的来历、生产者的故事、种植养殖过程等来提升产品吸引力，形成独特的品牌文化和情感认同。

5. 外观设计和包装创新

注重产品的外观设计和包装创新，提升产品的外观品质和顾客的购买体验，使其在众多商品中脱颖而出。

6. 社交媒体营销

利用微博、微信、抖音等社交媒体平台进行内容营销，与消费者建立更紧密的联系和互动，提高品牌的知名度和影响力。

7. 高端市场定位

针对高端市场和消费群体，提供有机、绿色、无公害等产品，满足消费者对健康生活方式的追求。

8. 用户体验优化

不断优化用户的在线购物体验，包括网站和移动应用的用户界面设计优化、购物流程简化、支付方式多样化等。

个性化和品牌化是农村电子商务平台区别于竞争对手、提升产品价值和消费者忠诚度的关键策略。通过这些措施，不仅能够使农村电子商务满足消费者多样化的需求，还能提升整个行业的发展水平。

未来，农村电子商务将会积极利用区块链、物联网、大数据等新技术，让生产信息更透明，实现全程可追溯，提高产品的可信度。同时，农村电子商务的发展将会更加规范，进入促进发展与加强监管并重的阶段。随着国家质量兴农战略规划的实施，向品牌要效益，发展品质电子商务和品牌电子商务将成为农村电子商务新的发展方向，进而驱动我国农业的转型升级。

我国政府将从数字乡村、物流体系建设和农产品供应链等维度，全面推动农村电子商务的发展。在各级政府的引导和推动下，农村电子商务将迎来良好的发展契机。发展农村电子商务，需要认真了解国家的大政方针和产业政策，结合国家的产业布局，发挥地方优势，打好农村电子商务产业各种要素的基础，实现农村电子商务的跨越式发展。

集思广益

农村电子商务未来的发展还有哪些趋势？在互联网上找一找，分析一下，补充到课堂笔记中。

三、农村电子商务助力乡村振兴

（一）乡村振兴的历史背景和特征

乡村振兴战略是为应对中国长期城乡发展不均衡问题提出的国家战略，旨在全面促进农村经济、社会、文化和生态环境建设。多年来，中央一号文件都非常重视“三农”问题，强调出台乡村振兴规划、增加财政投入、推动土地制度改革和制定人才政策等，明确了乡村振兴的路径和措施。

2021 年 6 月 1 日起施行的《中华人民共和国乡村振兴促进法》是乡村振兴的法律保障，是做好“三农”工作的重要指引，为“全面实施乡村振兴战略，开展促进乡村产业振兴、人才振兴、文化振兴、生态振兴、组织振兴，推进城乡融合发展等活动”提供了法律依据。这为农村电子商务的发展起到了良好的保驾护航的作用。

（二）农村电子商务在乡村振兴战略中的作用

互联网具有互联互通的属性，广大用户的数据会自然地沉淀到互联网公司的服务器中。利用这些数据可以实现乡村振兴工作的“精”和“准”。事实证明，农村电子商务由于其精准有效，已经成为乡村振兴工作的一个重要抓手。农村电子商务在乡村振兴战略中扮演着至关重要的角色，它的作用主要体现在以下几个方面。

1. 增加农民收入

农村电子商务为农民提供了新的销售渠道，使他们能够直接接触到更广阔的市场，减少中间环节，提高产品售价，从而有效增加农民的收入。

2. 拓宽农产品市场

通过电子商务平台，农产品可以销售到全国各地，甚至远销海外，极大地拓宽了农产品的市场范围，提升了农产品的销售额。

3. 促进农业产业升级

农村电子商务的发展带动了消费者对高质量、特色和安全农产品的需求，促使农业生产向规模化、标准化、品牌化方向发展，推动了农业产业结构的优化和升级。

4. 创造就业机会

农村电子商务的兴起为当地居民提供了包括电子商务运营、物流管理、仓储服务等在内的多种就业机会，有助于解决农村就业问题，留住人才。

5. 推动基础设施建设

农村电子商务的发展需要良好的网络、交通、物流等基础设施支持，这促使政府和社会资本投入建设，改善了农村的基础设施条件。

6. 培育新型农民

农村电子商务的发展需要一批具备电子商务知识和技能的新型农民，这促进了农民整体素质的提升和农村教育的改善。

7. 推广现代农业技术

农村电子商务平台为现代农业技术的展示和推广提供了窗口，可以帮助农民了解和学习新技术，提高农业生产效率。

8. 激发创业创新活力

农村电子商务平台为农村青年提供了创业的机会和平台，能够鼓励他们参与创业创新活动，为农村发展注入新动力。

9. 改善民生服务

农村电子商务不仅销售农产品，还提供便民缴费、医疗咨询等多种服务，改善了农村居民的生活品质。

10. 文化传承与创新

农村电子商务平台可以作为传统文化和手工艺品的传播渠道，有助于使农村文化得到传承和发扬，并创造经济价值。

集思广益

农村电子商务在乡村振兴战略中有什么重要作用？

运营故事

农村电子商务：号称农村创业金矿，未来趋势如何？

农村电子商务，一直被称作农村创业的金矿。随着中国农村电子商务市场的不断发展，越来越多的农民开始通过电子商务平台销售自己的农产品，同时也有越来越多的城市消费者开始购买农村电子商务平台上的农产品。据统计，2019 年中国农村电子商务市场规模已经达到 1.4 万亿元，预计到 2025 年将达到 3 万亿元。

农村电子商务市场的发展离不开政府的支持和推动。2014 年，中国政府提出了“互联网+”战略，其中就包括“农村电子商务”这一重要内容。此后政府出台了一系列扶持政策，包括资金支持、税收优惠、物流配套等，为农村电子商务的发展提供了有力的保障。

同时，农村电子商务平台也在不断完善自己的服务。一方面，平台通过技术手段，例如农产品追溯系统、农产品质量检测等，提高了农产品的品质和安全性，保障了消费者的权益。另一方面，平台也在不断拓展自己的服务范围，例如提供农村旅游、农家乐等服务，为消费者提供更加丰富的农村体验。

未来，农村电子商务市场的发展前景依然广阔。一方面，随着城市化进程的加快，城市消费者对于农产品的需求将会不断增加，而农村电子商务平台可以为城市消费者提供更加便捷、优质的农产品购买渠道。另一方面，随着农村电子商务平台的不断发展，将会有越来越多的农民通过电子商务平台销售自己的农产品，提高自己的收入水平。

当然，农村电子商务市场也面临着一些挑战，例如，农产品的品质和安全问题、物流配送不便等，这些问题都需要平台和政府共同解决。同时，农村电子商务平台也需要不断提高自身的服务水平，提高消费者的满意度。

总之，农村电子商务市场是一个充满机遇和挑战的市场。政府、平台和农民需要共同努力，推动农村电子商务市场的健康发展，为中国农村经济的发展注入新的动力。

资料来源：农业行业观察．农村电子商务：号称农村创业金矿，未来趋势如何？．(2023-06-02) [2024-11-08]. https://baijiahao.baidu.com/s?id=1767601269932883820&wfr=spider&for=pc.

【分析提示】

随着互联网的普及和电子商务的兴起，农村电子商务逐渐成为一个备受关注的领域。目前，政府已经出台了一系列的政策来支持农村电子商务的发展，未来政府将会加大对农村电子商务的支持力度，为农村电子商务的发展提供更好的环境和条件。

项目总结

本项目我们学习了农产品电子商务运营的相关概念，尤其是农村电子商务和农产品电子商务的概念，明确了农村电子商务和农产品电子商务的区别，并立足于农村电子商务的相关政策和发展环境，了解了农产品电子商务运营的宏观环境。对这些知识的学习和认知将为我们更好地进行农产品电子商务运营打好基础。

项目检测

一、单项选择题

1. 农村电子商务在乡村振兴战略中起到什么作用？（ ）

A. 降低农民收入　　B. 拓宽农产品市场

C. 限制农业产业升级　　D. 减缓基础设施发展

2. 通过电子商务平台销售农产品可以（ ）。

A. 增加中间环节　　B. 提高产品售价

C. 缩小市场范围　　D. 降低销售额

3. 农村电子商务对于农民整体素质有什么样的影响？（ ）

A. 降低受教育水平　　B. 促进新型农民培育

C. 减少技术推广　　D. 抑制创业活力

4. 农村基础设施建设与电子商务的关系是（ ）。

A. 相互独立　　B. 电子商务发展抑制基础设施建设

C. 电子商务发展推动基础设施建设　　D. 基础设施建设阻碍电子商务发展

5. 农产品电子商务主要关注的是哪方面的电子商务活动？（ ）

A. 工业产品在线销售　　B. 农资产品在线采购

C. 农产品在线交易与营销　　D. 服务业在线预订

二、判断题

1. 农村电子商务可以帮助农民直接接触到更广阔的市场。（　　）

2. 在电子商务平台上销售农产品会降低农产品的销售额。（　　）

3. 农村电子商务的发展不需要良好的网络、交通、物流等基础设施。（　　）

4. 通过农村电子商务平台，农村传统文化和手工艺品可以得到传承和发扬。（　　）

5. 农村电子商务为当地居民提供了包括电子商务运营、物流管理、仓储服务等在内的多种就业机会。（　　）

三、名词解释

1. 农产品电子商务

2. 乡村振兴战略

四、论述题

1. 论述农村电子商务在拓宽农产品市场中的作用。

2. 分析农村电子商务如何促进农民增收。

3. 论述农村电子商务对农村发展建设的影响。

4. 阐述新型农民在乡村振兴中的重要性。

项目延伸

在中国政府网（http：//www.gov.cn）上搜索“农产品电子商务”，了解和总结一下近年来我国在农产品电子商务方面的政策或关键举措，填写下面的表格。

序号	时间点	政策或关键举措	要点

项目二

农产品电子商务运营法律与规范

素养目标

培养农产品电子商务运营的法律意识和规范意识。

知识目标

1. 了解农产品电子商务相关法律；
2. 熟悉农产品电子商务产品质量规范。

能力目标

1. 具备在农产品电子商务运营中辨别“三品一标”等质量概念的能力；
2. 具备在农产品电子商务运营中运用所学法律知识的能力。

背景知识

农产品电子商务在运营过程中面临着诸多挑战和问题。其中，市场秩序的规范问题尤为突出。随着农产品电子商务市场的迅速扩大，诸如商品质量参差不齐、虚假宣传、侵犯知识产权等乱象日益频繁，这不仅损害了消费者的权益，也阻碍了市场的健康发展。因此，建立健全相关法律法规，规范市场秩序，成为农产品电子商务健康运营的必要保障。同时，保证产品质量也是农产品电子商务发展过程中的重要一环。实现农产品生产过程的标准化和规范化，有助于提升农产品的品牌价值，更好地满足消费者需求，从而促进农民增收致富。

因此，在农产品电子商务运营过程中，我们必须树立法律意识，并通过法律手段规范市场秩序，打击不法行为，保护消费者权益，同时在农产品生产过程中严格遵守各项产品质量规范，从而推动农产品电子商务行业的持续繁荣。

项目探索

任务一 领会农产品电子商务相关法律

全面实施乡村振兴战略，发挥电子商务在乡村振兴中的重要作用，推动农产品电子商务高质量发展，就要确保其依法依规、健康有序运行。具体来看，《中华人民共和国民法典》《中华人民共和国电子商务法》《中华人民共和国食品安全法》等法律构成了农产品电子商务运营的总体法治框架。

一、《中华人民共和国民法典》

《中华人民共和国民法典》（以下简称《民法典》）被称为“社会生活的百科全书”，是新中国成立以来第一部以法典命名的法律，在我国法律体系中居于基础性地位，也是我国市场经济的基本法。同时，它也是民事权利的宣言书和保障书。如果说宪法重在限制公权力，那么《民法典》就重在保护私权利，几乎所有的民事活动，大到合同签订、公司设立，小到物业费缴纳、婚姻家庭，都能在《民法典》中找到依据。

为了适应电子商务的快速发展以及消费者网购需求的不断增长，根据《民法典》第469条的规定，数据电文视为合同的书面形式，具有法律效力。

关于产品质量标准，《民法典》第511条第1项规定，质量要求不明确的，按照强制性国家标准履行；没有强制性国家标准的，按照推荐性国家标准履行；没有推荐性国家标准的，按照行业标准履行；没有国家标准、行业标准的，按照通常标准或者符合合同目的的特定标准履行。

关于违约责任，《民法典》第582条规定，履行不符合约定的，应当按照当事人的约定承担违约责任。对违约责任没有约定或者约定不明确，依据《民法典》第510条的规定仍不能确定的，受损害方根据标的的性质以及损失的大小，可以合理选择请求对方承担修理、重作、更换、退货、减少价款或者报酬等违约责任。

关于侵权责任，《民法典》第1194条规定，网络用户、网络服务提供者利用网络侵害他人民事权益的，应当承担侵权责任。法律另有规定的，依照其规定。

二、《中华人民共和国电子商务法》

2018年8月31日，十三届全国人大常委会第五次会议表决通过《中华人民共和国电子商务法》（以下简称《电子商务法》），并于2019年1月1日起正式施行。《电子商务法》的出台意味着国家对电子商务的监管目的、监管方式、监管原则等内容的确立，这对保障电子商务各方主体的合法权益，规范电子商务行为，促进电子商务持续健康发展，具有重要意义。

《电子商务法》对我国农产品电子商务的经营和管理具有划时代的意义。

（一）《电子商务法》对农产品电子商务的影响

目前我国的农产品电子商务，从数量上看已经形成了较大的规模，但在快速发展过程中也暴露出很多问题。比如，农产品电子商务的市场主体多是农户、生产大户、合作社、乡镇企业等，小、散、弱是其典型特点；农村地区产品上行还面临着产品规模化、标准化以及供应链基础设施保障能力不足等问题；销售假冒伪劣及侵权商品等情况在农产品电子商务中也经常发生。《电子商务法》的落地实施，意味着自此之后农产品电子商务多了一重法律保护。

《电子商务法》用法律的形式来规范整个电子商务市场，包括农产品电子商务市场，涵盖了互联网交易、服务、营销、合同、支付、物流、消保、监管、数据、知识产权、争议解决、法律责任等众多环节，法律关系复杂，对农产品电子商务行业影响巨大。《电子商务法》的颁布实施，为解决我国农产品电子商务发展面临的瓶颈问题，促进农产品电子商务的可持续发展奠定了坚实的基础。

（二）《电子商务法》对农产品电子商务的规范

1. 主体规范

（1）开店登记。在《电子商务法》颁布实施前，个人在第三方电子商务交易平台上开网店不需要进行工商和税务登记，进驻几乎是零门槛。现在按照《电子商务法》的有关规定，电子商务经营者应依法办理市场主体登记，并应当在销售商品或者提供服务时依法出具纸质发票或者电子发票等购货凭证或者服务单据，依法履行纳税义务。这在客观上有利于营造各经营主体公平竞争的环境，也有利于保障消费者的合法权益。

（2）主体的确认。《电子商务法》秉持“轻关易道，通商宽农”的精神，既做出规范，又“放水养鱼”，针对电子商务行业“小微”起步、灵活就业的特色，给予了必要的法律扶持。具体体现为《电子商务法》要求电子商务经营者依法办理市场主体登记，但是，个人销售自产农副产品、家庭手工业产品，个人利用自己的技能从事依法无须取得许可的便民劳务活动和零星小额交易活动，以及依照法律、行政法规不需要进行登记的除外。这一规定充分考虑了我国农产品电子商务市场经营主体的现实条件，在法律上赋予了农产品电子商务经营者明确的市场主体地位，有利于继续保持农村地区电子商务市场的活力，延续大众创业、万众创新的良好态势。

2. 平台责任

（1）农产品安全受到重视。《电子商务法》第 38 条第 2 款规定，对关系消费者生命健康的商品或者服务，电子商务平台经营者对平台内经营者的资质资格未尽到审核义务，或者对消费者未尽到安全保障义务，造成消费者损害的，依法承担相应的责任。

在农产品电子商务平台目前销售的产品中，农特产品占了较大比例，属于关系消费者生命健康的商品，以上规定要求加大对网上销售农副产品的产品生产资质、认证标准的审核力度，这就从渠道和市场角度进一步加强了对农产品生产、加工、包装、运输等全产业链的品质保障要求，也会引导农产品电子商务经营者逐步从零散经营向规模化、标准化、品质化方向发展，在保障安全的基础上满足城乡消费升级的需要。

（2）农产品电子商务平台责任加强。《电子商务法》针对电子商务平台经营者规定了前置审核义务，即对于“申请进入平台销售商品或者提供服务的经营者”，应当要求提交其身份、地址、联系方式、行政许可等真实信息，进行核验、登记，建立登记档案，并定期核验更新。需要特别注意的是，除了要求提供信息外，“核验”这个词，意味着电子商务平台经营者除了进行申请者信息登记以外，还要进行形式上的身份核查。

（3）微商等也纳入监管。按照《电子商务法》对电子商务的定义，凡是通过互联网等信息网络销售商品或者提供服务的经营活动，都被纳入了《电子商务法》的监管范畴。目前，农产品电子商务中大量存在的通过朋友圈、老乡群等社交网络渠道销售农产品的行为也适用《电子商务法》的监管。这也进一步加强了农产品电子商务全渠道规范化运营的力度。

3. 农产品电子商务基础设施

《电子商务法》对电子商务的相关环节如物流等做出了规定。如《电子商务法》第66条规定，国家推动电子商务基础设施和物流网络建设，完善电子商务统计制度，加强电子商务标准体系建设。这意味着政府部门要进一步加大对电子商务基础设施薄弱地区的投入力度，农产品电子商务基础设施将会是投入的重点，包括农产品电子商务发展所依赖的宽带网络、快递网络、加工检测及冷链仓储设施等，农产品电子商务的产品标准化、服务标准化、运营标准化等也成为重点支持方向。相信在政府的支持下，制约农产品电子商务发展的基础设施瓶颈很快就会被打破，从而为未来农产品电子商务更大规模的发展奠定坚实的基础。

4. 农产品电子商务追溯体系

“连带责任”与“相应责任”的规定将推动农产品电子商务平台可追溯体系的建设。《电子商务法》第38条规定：“电子商务平台经营者知道或者应当知道平台内经营者销售的商品或者提供的服务不符合保障人身、财产安全的要求，或者有其他侵害消费者合法权益行为，未采取必要措施的，依法与该平台内经营者承担连带责任。对关系消费者生命健康的商品或者服务，电子商务平台经营者对平台内经营者的资质资格未尽到审核义务，或者对消费者未尽到安全保障义务，造成消费者损害的，依法承担相应的责任。”我们可以从两个方面解读该条款：

（1）加强农产品电子商务可追溯体系建设。由于农产品从生产到消费的环节很多，让消费者在平台上购买的产品实现可追溯，是责任追查的重要手段。对中药材、农药等品类，平台必须进行严格的前置审核，在交易环境的入口和安全维护上下功夫。

（2）加强农产品电子商务交易入口的过滤。农产品电子商务平台应当配备必要的客户服务和紧急呼叫端口，包括与公安等公共安全部门的对接，这样才能在有效保护消费者合法权益的同时，降低平台自身的经营风险。

5. 农产品电子商务诚信经营

以往商家为提高销售额而刷销量、刷好评、删差评的“炒信”“刷单”行为屡见不鲜，严重误导了消费者，损害了消费者的知情权、选择权。对此，《电子商务法》明确规定，电子商务经营者应当全面、真实、准确、及时地披露商品或者服务信息，保障消费者的知情权和选择权。电子商务经营者不得以虚构交易、编造用户评价等方式进行虚假或者引人误解的商业宣传，欺骗、误导消费者，以此引导农产品电子商务经营者诚信经营。

6. 商家营销的规范性

以往部分农产品电子商务经营者会采取使用很小的字号、默认勾选等方式，使消费者在不知情、难以察觉的情况下，出让一些权利或者被捆绑销售。这种未经消费者明确同意变相强制搭售的行为，不仅有违诚实信用，也侵害了消费者的知情权、选择权、公平交易权。针对这种情况，《电子商务法》做出了明确的规定：电子商务经营者搭售商品或者服务，应当以显著方式提请消费者注意，不得将搭售商品或者服务作为默认同意的选项。商家违反该规定的，将面临最高 50 万元的罚款。

7. 农产品物流运输

根据《电子商务法》有关规定，电子商务经营者应当按照承诺或者与消费者约定的方式、时限向消费者交付商品或者服务，并承担商品运输中的风险和责任。但是，消费者另行选择快递物流服务提供者的除外。同时，《电子商务法》规定，快递物流服务提供者在交付商品时，应当提示收货人当面查验；交由他人代收的，应当经收货人同意。

以上法律规定有助于解决网购商品迟迟不到、商家不愿对商品在运输过程中的损毁承担责任、快递员不征求收货人同意直接把快递放在驿站、生鲜农产品最后 100 米不上楼等问题。

8. 促进农村地区产业融合

《电子商务法》第 68 条提出，国家促进农业生产、加工、流通等环节的互联网技术应用，鼓励各类社会资源加强合作，促进农村电子商务发展，发挥电子商务在精准扶贫中的作用。这一条款充分体现了国家对于农村电子商务发展的支持态度，国家有意把农村电子商务打造成为驱动我国农村社会经济发展的新动力。我国农村电子商务未来的发展一定会走向通过电子商务精准链接消费需求，带动农业加工生产定制化的道路，这也意味着互联网技术会进一步渗透到农业生产、加工、流通的各个环节，在更大的范围、更深的层次实现电子商务牵引、互联网技术支撑的产业化融合。作为农村电子商务的重要分支，农产品电子商务将会在促进农村地区产业融合中发挥重要作用。

《电子商务法》的颁布实施对我国农产品电子商务的影响将是全方位的、体系化的，在放宽主体登记条件保持农产品电子商务发展活力的同时，注重弥补农村地区电子商务基础设施的薄弱环节，引导农产品电子商务产业链升级，实现与农村实体经济的深度融合发展。

三、《中华人民共和国食品安全法》

《中华人民共和国食品安全法》（以下简称《食品安全法》）是为了保证食品安全，保障公众身体健康和生命安全而制定的法律。

（一）农产品电子商务中食品相关概念的界定

1. 农产品的定义

《现代汉语词典（第 7 版）》对“农产品”的解释为：“农业中生产的物品，如稻子、小麦、高粱、棉花、烟叶、甘蔗等。”《中华人民共和国农产品质量安全法》中对农产品的定义是：“来源于种植业、林业、畜牧业和渔业等的初级产品，即在农业活动中获得的植物、动物、微生物及其产品。”

据此，本书将“农产品”定义为：可直接从农业生产中取得的且未在工业生产中以其为原料进行加工的植物性、动物性、微生物性的可食用性产品。

2. 食品安全的定义

食品安全的定义在《食品安全法》中有明确的阐释：“食品安全，指食品无毒、无害，符合应当有的营养要求，对人体健康不造成任何急性、亚急性或者慢性危害。”

依据上述定义，我们认为，农产品电子商务环境下的食品安全，是指食品的生产、加工、销售、运输、流通等过程均不会影响其功能，更不会对人体造成直接或潜在的健康威胁。

（二）农产品电子商务中的食品安全问题

电子商务虚拟性的特点使得消费者更担心所购买的农产品的食品安全问题。农产品电子商务中的食品安全问题既包括农产品自身的食品安全问题，也包括农产品在电子商务平台销售过程中的食品安全问题。农产品种植者、农产品销售者、农产品销售平台以及农产品销售流程等都可能是引发农产品电子商务食品安全问题的原因。具体来看，农产品电子商务环境下的食品安全问题主要有以下几种。

1. 农药残留问题

农产品种植者们为了防止农产品生产活动中其他生物对农产品质量造成损害，也为了提升产量、美化产品外观，可能会对农产品使用农药。对农产品使用适当剂量的农药不会造成农产品的食品安全问题，但过量使用农药就会造成农产品的食品安全问题。农药或农药的有毒代谢物和杂质附着于农产品上，当这种农产品被消费者食用后，会对消费者的健康造成直接或间接的损害，这就是农药残留问题。消费者对于农产品电子商务中的食品安全问题，最为关注的就是农药残留问题。

2. 兽药残留问题

兽药残留，顾名思义即是残留在动物性食品中的兽药本体及其代谢物和杂质。因此，兽药残留不仅仅是指兽药本身，还包括兽药被动物吸收后，在动物体内产生的代谢物和杂质。它们会对消费者的健康构成威胁。

3. 食品包装污染问题

在电子商务平台上销售农产品，包装是至关重要的一个环节。食品包装污染不仅危害人体健康，而且浪费资源，还会对环境造成严重危害。例如，某些塑料袋在冷藏过程中会释放有害物质；这些塑料袋若被消费者随意丢弃，便会污染环境。

4. 物流过程中的问题

（1）震动。震动是运输过程中最为突出的致损因素，它会直接造成农产品的物理性损伤。运输方式、运输工具、运输速度，以及在运输过程中农产品所放置的位置都会对农产品所受的震动强度产生影响。

农产品常用的运输方式有海路运输、铁路运输和公路运输。其中，海路运输农产品所受震动强度较小，而公路运输农产品所受震动强度较大。不同的农产品对震动强度的耐受力是不同的。我国的物流在取货和配送的时候，大多使用人力，在长时间、重复性的体力劳动下，劳动者可能会忽略轻挪轻放的要求，农产品在运输的起点或终点会被人为损坏，即使在运输途中对震动强度把控得很好，也难以保证农产品的品质和食品安全。

（2）温度。运输温度对农产品品质同样有着重要的影响。农产品的运输过程跟储藏过程类似，在适宜的温度下，会减缓农产品的新陈代谢，提高其耐储性。因此，温度是农产品运输中最受关注的环境条件之一，采用适宜的低温流通措施对保证农产品的新鲜度和品质以及降低运输损耗是十分重要的。在实际运输过程中，如若不使用冷链，农产品的运输温度会远高于其最佳运输温度。尤其是公路运输，在密闭的环境内，受到发动机散发热量的影响，农产品的运输温度往往偏高，从而加快农产品的新陈代谢，造成农产品品质受损甚至腐烂。

（三）《食品安全法》对农产品电子商务食品安全的规定

1. 关于食品生产经营卫生许可的规定

《食品安全法》中明文规定，国家对食品生产经营实行许可制度。从事食品生产、食品销售、餐饮服务，应当依法取得许可。卫生许可证只允许申请者自身在规定范围内从事食品生产经营，不允许任何形式或行为上的出借、转让、买卖、涂改甚至伪造。

2. 关于食品生产经营人员健康检查的规定

《食品安全法》中明确指出，食品生产经营者应当建立并执行从业人员健康管理制度。患有国务院卫生行政部门规定的有碍食品安全疾病的人员，不得从事接触直接入口食品的工作。从事接触直接入口食品工作的食品生产经营人员应当每年进行健康检查，取得健康证明后方可上岗工作。由于食品的特殊性，其在生产过程中极易受到病原体污染，造成食品安全问题。若食品行业的相关从业人员携带有易污染食品的病原体，就会通过食品进一步传染给消费者，甚至会造成大型食物中毒事件。

3. 关于食品生产经营者索证的规定

《食品安全法》中明确指出，食品生产企业应当建立食品原料、食品添加剂、食品相关产品进货查验记录制度，如实记录食品原料、食品添加剂、食品相关产品的名称、规格、数量、生产日期或者生产批号、保质期、进货日期以及供货者名称、地址、联系方式等内容，并保存相关凭证。记录和凭证保存期限不得少于产品保质期满后六个月；没有明确保质期的，保存期限不得少于二年。这项规定明确了农产品销售者必须建立相关的追溯记录，保存一定时限内的相关证明资料，以便在出现问题时有相应的资料可以查找，而不会一出事就找不到相关的负责人。

4. 关于网络食品销售的规定

《食品安全法》规定，网络食品交易第三方平台提供者应当对入网食品经营者进行实名登记，明确其食品安全管理责任；依法应当取得许可证的，还应当审查其许可证。网络食品交易第三方平台提供者发现入网食品经营者有违反本法规定行为的，应当及时制止并立即报告所在地县级人民政府食品安全监督管理部门；发现严重违法行为的，应当立即停止提供网络交易平台服务。因此，农产品销售者在网络上必须做到实名制，其销售过程受到第三方平台提供者的监管，第三方平台提供者有义务对农产品销售者的违法行为实施监督和管理，并及时向有关部门报告，将损失减到最小。

运营故事

个人自产农副产品无须办证，“刷单”最高罚100万元

“首先，明确了微商、代购、‘网红’都是电子商务经营者。”泉州市工商局相关工作人员说，《电子商务法》明确了电子商务经营者的范围，无论是平台经营者，还是京东、天猫的企业店卖家，淘宝、拼多多等平台的C店卖家，或者是专门从事微商、代购，甚至通过小视频等社交媒体销售商品的“网红”，都属于电子商务经营者。

其次，作为电子商务经营者，要依法办理市场主体登记。根据《电子商务法》的规定，电子商务经营者应当依法办理市场主体登记，但以下几种情况可以例外：个人销售自产农副产品、家庭手工业产品，个人利用自己的技能从事依法无须取得许可的便民劳务活动和零星小额交易活动，以及依照法律、行政法规不需要进行登记。

“比如在网上销售几个自产土鸡蛋，自己做个手工艺品放在网上销售，这些依法不需要办理登记。而零星小额交易的标准目前还没有明确，要等待相关法律法规的进一步解释。”工作人员表示。

再次，在网上销售食品也需要办理经营许可证。电子商务经营者从事经营活动，依法需要取得相关行政许可的，应当依法取得行政许可。既然电商经营者需要办理准入登记，那么食品、药品等需要办理经营许可证的，也需要办理相关许可证，方可在网上进行销售。

最后，《电子商务法》禁止“刷单”“炒信”现象。工作人员表示，以“刷单”换流量的行为已经成为过去。根据《反不正当竞争法》，无论是职业“刷单”者，还是靠“刷单”换流量的卖家，都将面临最低20万元、最高100万元的罚款。

资料来源：李菁，等．泉州市工商局解读新《电子商务法》个人销售自产农产品无须办证．(2018-12-29)[2024-11-08]. http://www.mnw.cn/quanzhou/news/2106317.html.

【分析提示】

提高农产品电子商务经营者的法律意识，规范网络市场经营秩序，营造良好的网络交易环境，是农产品电子商务企业和相关经营者与参与者共同的责任和义务。

任务二　明了农产品电子商务产品质量规范

一、农产品质量

农产品质量指的是农产品适合一定用途、满足人们需要所应具备的特点和特性的总和，也就是农产品的适用性。农产品质量包括以下几个方面的特性：

（1）内在特性：包括农产品的结构、物理性能、化学成分、可靠性、精度和纯度等。这些特性决定了农产品的基本属性和使用功能。

（2）外在特性：包括农产品的形状、外观、色泽、声响、气味和包装等。这些特性会影响消费者的购买选择和农产品的市场接受度。

（3）经济特性：包括农产品的成本、价格等，这关系到农产品的市场竞争力和消费者的购买力。

（4）安全性：特指农产品中可能含有的危害因子，如残留的农药、重金属等对人和环境造成的影响。安全标准的制定和执行是保障农产品质量的重要环节。

二、农产品标准

（一）农产品标准的概念

什么是标准？所谓标准，就是衡量事物的准则，是人们共同遵守的原则或规范，是对需要协调统一的技术或其他事物所做的统一规定。它可以是社会共识、行业规范、法律法规等，用来评定事物好坏、正确与否，以及是否符合规定或要求。标准是科研、生产、交换、质量监督的依据。

农产品标准是指为确保农产品质量安全，对农产品生产、加工、销售等各个环节设定的一系列规范和要求。它包括以下几个方面：

（1）生产技术规范：其目的是实现农产品种植、养殖过程中各项技术活动的标准化，比如针对种子的品种、规格以及农业生产方法等制定的标准，目的是确保农产品从源头上就符合一定的质量要求。

（2）产品质量要求：主要指关于农产品本身的质量、等级、安全和卫生等方面的标准。这些标准确保了农产品在市场上质量的一致性和安全性。

（3）流通环节规范：主要指从农产品生产到最终消费的过程中，关于包装、储存、运输等方面的标准。这些标准有助于保障农产品在整个供应链中的品质，减少物流环节操作不当导致的产品损耗。

（二）农产品标准的内容

在我国，农产品标准主要包括农产品及其加工产品质量标准，农产品及其加工产品生产与加工技术标准，农产品及其加工产品包装、储运标准，农产品及其加工产品检验、检测技术与方法标准四类。

1. 农产品及其加工产品质量标准

农产品及其加工产品质量标准是为了确保农产品质量安全，维护公众健康，促进农业和农村经济发展而制定的规范和要求。这些标准涵盖了种植业、林业、畜牧业等多个领域，确保了农产品从生产到加工再到流通的每一个环节都能满足一定的质量安全要求。具体来说，农产品及其加工产品质量标准可以分为以下几个方面：

（1）原料质量标准：这是指对农产品原料的基本质量要求，比如粮食、蔬菜、水果等的新鲜度、成熟度以及是否有有害物质残留等。

（2）加工产品质量标准：在加工过程中，产品需要符合特定的质量标准，包括加工过程中的卫生条件、添加剂的使用、营养成分的保留等。

（3）成品产品质量标准：成品是指经过加工后可以直接销售和消费的产品，其质量标准包括产品的营养价值、安全性、包装标志等。

农产品及其加工产品质量标准是确保食品安全和促进农业可持续发展的重要措施。严格遵循这些标准，可以有效地提升农产品的整体质量，增强消费者信心，同时也有助于提高我国农产品在国际市场上的竞争力。

2. 农产品及其加工产品生产与加工技术标准

农产品及其加工产品生产与加工技术标准是一系列为了确保产品质量安全以及统一产品标准而制定的详细操作流程和技术要求。这类标准通常包括以下几个方面：

（1）原料选择和准备标准：明确规定了原料的质量标准，如品种、成熟度、大小等，并指导如何正确储存和预处理原料。

（2）加工工艺流程标准：详细描述了从原料到最终产品的整个加工流程，包括清洗、切割、烘干、包装等步骤，并指出每一步骤的操作条件和参数设置。

（3）设备和工具要求：列出了生产过程中所需的机械、设备和工具，以及它们的性能指标和维护要求。

（4）环境与卫生管理标准：包括生产环境的温湿度控制、清洁卫生、交叉污染防护等，确保产品在安全无污染的环境下生产。

（5）产品检验与评价标准：明确了产品的检验方法和质量评价标准，确保每批产品都检验合格才能出厂。

(6) 包装、储存和运输要求：规定了适当的包装材料和方法，以及产品的正确储存条件和运输要求，保证产品在流通过程中的稳定性和安全性。

这些标准旨在确保农产品加工过程的标准化和规范化，遵循这些详细的步骤和要求，有助于生产出符合质量安全标准的农产品，同时也有助于提升整个行业的生产水平，促进农业产业的健康发展。

小贴士

食品生产与加工技术标准的相关概念：

良好生产规范（GMP）：是食品生产、加工、包装、运输和销售的规范性文件，是一种具体的食品质量保障体系。

卫生标准操作程序（SSOP）：是食品生产加工企业根据有关法律法规及 GMP 的要求制定的控制生产加工全过程卫生污染的指导性文件，它主要通过卫生监控、纠正及各种记录来对生产加工过程中的卫生污染进行控制。

危害分析和关键控制点（HACCP）：是一种全面分析食品状况、预防食品问题的控制体系，是从农田、养殖场到餐桌全过程的食品安全问题预防体系。它具有科学性、高效性、操作性、易验证性，但不是零风险，有效的 HACCP 体系可以最大限度地把食品安全危害降至可接受水平并持续改进。

3. 农产品及其加工产品包装、储运标准

农产品及其加工产品包装、储运标准是一系列为了确保农产品在流通过程中的质量和安全而制定的标准。这些标准为农产品及其加工产品的包装与储运提供了技术及服务的规范和指南。其中，主要的标准要求有以下几个方面：

(1) 包装材料要求。

《农产品物流包装材料通用技术要求》(GB/T 34344－2017) 规定了农产品物流包装材料的基本要求和质量要求，适用于农产品物流包装材料的制造、销售和检测。

(2) 限制过度包装要求。

《限制商品过度包装要求 生鲜食用农产品》(GB 43284－2023) 明确了判定蔬菜（含食用菌）、水果、畜禽肉、水产品和蛋等五大类生鲜食用农产品是否过度包装的技术指标和方法，包括包装空隙率上限、包装层数限制以及包装成本与销售价格的比率上限等。

(3) 储运安全要求。

《食用农产品市场销售质量安全监督管理办法》规定，食用农产品的运输容器、工具和设备应当安全无害，保持清洁，防止被污染，不得将食用农产品与有毒、有害物品一同运输。运输对温度、湿度等有特殊要求的食用农产品，应当具备保温、冷藏或者冷冻等设备设施，并保持有效运行。

4. 农产品及其加工产品检验、检测技术与方法标准

农产品及其加工产品检验、检测技术与方法标准是确保产品质量和安全的关键措施。

这些标准主要包括以下几个方面：

（1）质量安全监控。包括对农产品进行定期或不定期的质量安全监控以及风险监测，以评估产品是否符合安全标准。

（2）突发事件应急监测。在发生农产品质量安全事件时，能够迅速进行应急监测和隐患排查，以控制风险并采取相应措施。

（3）合格评定。采用一定的检验、检测技术对农产品进行合格评定，确保只有符合标准的产品才能进入市场流通。

集思广益

讨论农产品的相关标准对农产品电子商务起到什么作用。

三、“三品一标”

（一）“三品一标”的概念

“三品一标”主要指无公害农产品、绿色食品、有机产品和农产品地理标志。它由政府主导，致力于打造安全优质的农产品公共品牌。

图 2－1 无公害农产品标志

1. 无公害农产品

无公害农产品是指产地环境、生产过程和产品质量符合国家有关标准和规范的要求，经认证合格获得认证证书并允许使用无公害农产品标志的未经加工或初加工的食用农产品。这类食品不会对人的身体健康造成任何危害，符合人们对食品的最起码要求。

无公害农产品标志（见图 2－1）图案主要由麦穗、对钩和“无公害农产品”字样组成。其中，麦穗代表农产品，对钩表示合格，金色寓意成熟和丰收，绿色象征环保和安全。

2. 绿色食品

绿色食品是指产自优良生态环境、按照绿色食品标准生产、实行全程质量控制并获得绿色食品标志使用权的安全、优质食用农产品及相关产品。无污染、安全、优质、营养是绿色食品的特征。绿色食品的优质特性不仅是指产品的外包装水平高，更是指内在质量水准高。内在质量水准高又包括两个方面：一是内在品质优良；二是营养价值和卫生安全指标高。绿色食品企业需在产品包装物上印制绿色食品标志图案、文字、产品编号和“经中国绿色食品发展中心许可使用绿色食品标志”字样。绿色食品标志（AA 级）见图 2－2。

图 2－2 绿色食品标志（AA 级）

3. 有机产品

中华人民共和国国家标准《有机产品 生产、加工、标识与管理体系要求》（GB/T 19630－

2019）中将有机产品定义为“有机生产、有机加工的供人类消费、动物食用的产品”。

有机产品在生产和加工过程中绝对禁止使用人工合成的农药、化肥、色素等化学物质，采用对环境无害的方式生产，销售过程受专业认证机构全程监控，通过独立认证机构认证并颁发证书。有机产品标志见图 2-3。

图 2-3　有机产品标志

4. 农产品地理标志

农产品地理标志（见图 2-4）是指标示农产品来源于特定地域，产品品质和相关特征主要取决于自然生态环境和历史人文因素，并以地域名称冠名的特有农产品标志。农业农村部负责全国农产品地理标志的登记工作。农业农村部农产品质量安全中心负责农产品地理标志的审查和专家评审工作。省级人民政府农业行政主管部门负责本行政区域内农产品地理标志登记申请的受理和初审工作。农业农村部设立的农产品地理标志登记专家评审委员会负责专家评审。

图 2-4　农产品地理标志

（二）无公害农产品、绿色食品、有机产品的区别

无公害农产品、绿色食品、有机产品之间的区别体现在其主要特征和标准要求上，见表 2-1。

表 2-1　无公害农产品、绿色食品、有机产品的主要特征和标准要求对照表

类别		主要特征	标准要求
无公害农产品		无公害农产品的产地环境、生产过程和产品质量必须符合国家有关标准和规范的要求，经认证合格获得认证证书。	无公害农产品标准以全程质量控制为核心，主要包括产地环境质量标准、生产技术标准和产品标准三个方面
绿色食品	A 级	A 级绿色食品的标志底色为绿色，标志为白色	A 级绿色食品标准要求：生产地的环境质量符合《绿色食品　产地环境质量》（NY/T 391-2021）的标准，生产过程中严格按绿色食品生产资料使用准则和生产操作规程要求，限量使用限定的化学合成生产资料，并积极采用生物学技术和物理方法，保证产品质量符合绿色食品标准要求
	AA 级	AA 级绿色食品的标志底色为白色，标志为绿色	AA 级绿色食品标准要求：生产地的环境质量符合《绿色食品　产地环境质量》（NY/T 391-2021）的标准，生产过程中不使用化学合成的农药、肥料、食品添加剂、饲料添加剂、兽药及有害于环境和人体健康的生产资料，而是通过使用有机肥、种植绿肥、作物轮作、生物或物理方法等技术，培肥土壤、控制病虫草害、保护或提高产品品质，从而保证产品质量符合绿色食品标准要求

续表

类别	主要特征	标准要求
有机产品	有机产品的主要特征是在生产和加工过程中不使用化学合成的农药、化肥、生产调节剂、饲料添加剂等物质，也不用基因工程获得的生物及其产物	有机产品认证标准十分严格，有机蔬菜的独立包装上除了需贴上有机认证标签、认证单位之外，还需要有17位数字构成的有机码，供消费者溯源和辨别真伪。同时，申请有机认证的产品，每出产一次都要接受一次检测。另外，"农残指标"必须符合"不得检出"的标准

普通食品、无公害农产品、绿色食品、有机产品的层次如图 2-5 所示。

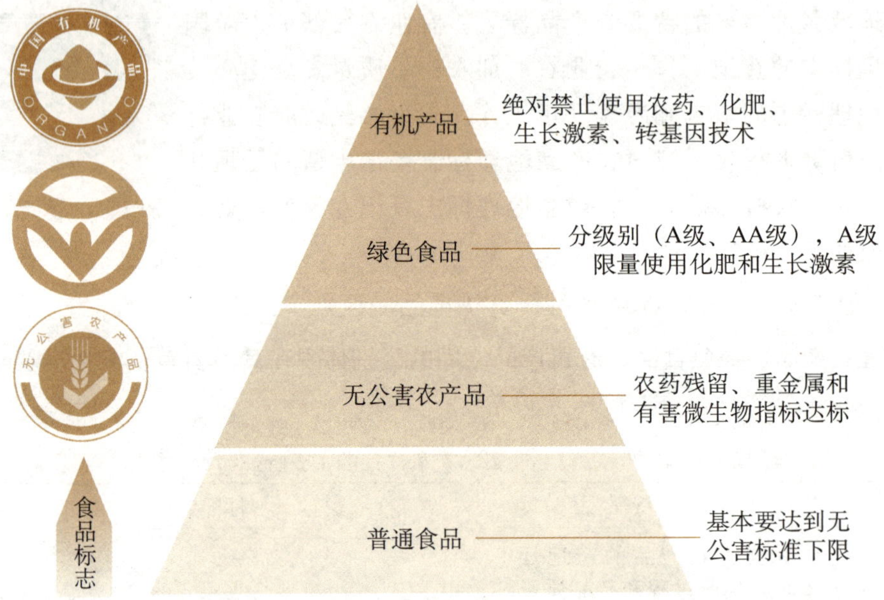

图 2-5 食品层次

集思广益

"三品一标"对农产品电子商务的品牌建设和网络销售有什么作用？

运营故事

"三品一标"强"四力"

近年来，砀山县大力实施品种、品牌、品质和标准化生产等"三品一标"提升行动，酥梨品质效益显著提升，成功入选全国典型案例。

坚持以品种培优为基础，增强酥梨"原生力"。围绕独特资源优势和良种发展趋势，加强保护研发，激活绿色"芯片"，满足多样化市场需求。强化普查建档，全面开展酥梨种质资源普查，实行"一树一档、一树一牌、一地一册"，为6万余株百年以上古梨树建档挂牌。强化育种培新，成立国家梨产业技术体系砀山综合试验站，深入开展酥梨提纯复壮、优良品质恢复等关键技术攻关，培育优良后代品（株）系 32 份，选育推广新品种 6 个，产品合格率连续多年稳定在 98%以上。强化良种繁育，制定《砀山酥梨产业振兴三年行动计划》，严格开展良种（苗木）繁育基地认定与标准化建设，明确基地建设品种、规模、区域。

坚持以品质提升为关键，增强酥梨“竞争力”。推动传统技术与现代科技深度融合，加快打造数字果园，保证水果绿色、优质、安全。突出数字赋能，建设数字化应用场景 16 个，完成智能灌溉、低温预警、田间水肥管理等智慧管控模型建设，果园“天空地”一体化数据采集与监测工程有效运行，实现自动化控制、规范化作业、精细化生产。

资料来源：李艳．“三品一标”强“四力”打造“梨都”“金招牌”．(2023-09-20)［2024-11-08］. http://www.zgfxnews.com/mp/fxb/wap/content/202309/20/content_36912.html.

【分析提示】

砀山县坚持以标准化生产为抓手，增强酥梨生产“引领力”；实行全链条标准化管理，以标准化促规范化、集约化、高效化；制定生产标准，围绕品种布局、栽培模式、田间管理等，推动现代科技的应用。这些都为发展农产品电子商务提供了有力保障。

项目总结

本项目我们系统学习了农产品电子商务相关法律和产品质量规范。在农产品电子商务运营过程中，我们要认真了解相关的法律规定和质量规范，在相关的法律框架和规范体系下，探索农产品质量提升的路径，为农产品电子商务的依法依规经营打下良好的基础。

项目检测

一、单项选择题

1. 根据《电子商务法》，下列哪一项不是从事农产品电子商务活动需要遵守的原则？（　　）

A. 公平交易　　B. 诚实信用

C. 保护消费者权益　　D. 规避法律法规

2. 根据《民法典》的规定，关于农产品的在线交易合同，以下说法正确的是（　　）。

A. 合同一旦签订即不可撤销　　B. 电子合同无须书面形式即可成立

C. 农产品的质量标准由卖家决定　　D. 买家收货后不得提出质量异议

3. 根据《电子商务法》的规定，电子商务经营者销售农产品时，应当（　　）。

A. 明码标价　　B. 保证农产品来源合法

C. 确保提供符合质量要求的产品　　D. 所有以上选项

4. 按照《民法典》的规定，如果农产品电子商务活动中出现违约情况，买方通常可以采取哪种措施？(　　)

A. 请求履行合同　　B. 请求赔偿损失

C. 解除合同　　D. 所有以上选项

5. 根据《电子商务法》的规定，在农产品电子商务中，关于平台内经营者的描述正确的是(　　)。

A. 可以销售任何来源的农产品　　B. 必须建立农产品进货查验记录制度

C. 无须取得相应的经营许可证　　D. 可以随意变更农产品的价格信息

6. “三品一标”中的“三品”不包括（　　）。

A. 无公害农产品　　B. 绿色食品

C. 有机产品　　D. 转基因食品

二、判断题

1. 有机产品的标准比绿色食品更为严格。(　　)

2. 地理标志产品的品质和声誉与其地理来源无关。(　　)

3. “三品一标”旨在提升中国农产品的整体质量和市场竞争力。(　　)

4. 《电子商务法》规定，电子商务经营者应当依法办理市场主体登记。(　　)

5. 农产品的在线交易不需要遵守《民法典》的规定，可以随意撤销或变更。(　　)

6. 在农产品电子商务中，消费者收到的农产品与网上描述不符时，有权要求退货退款。(　　)

7. 《电子商务法》明确提到，销售农产品的卖家无须对其产品的质量安全承担法律责任。(　　)

三、名词解释

1. 农产品标准

2. “三品一标”

四、简答题

1. 简述《民法典》中涉及农产品电子商务的相关条款及其对农产品电子商务运营的影响。

2. 简述《电子商务法》对农产品电子商务运营主体的规范。

3. 《食品安全法》中涉及农产品电子商务食品安全的规定有哪些？

五、论述题

1. 浅析《电子商务法》对农产品电子商务经营和管理的重要意义。

2. 谈谈你对依法进行农产品电子商务运营的认识。

项目延伸

通过网络搜索《电子商务法》，了解《电子商务法》的出台过程、具体规定和相关的法律条文解读，对你认为影响农产品电子商务运营的重要条款进行总结，并填写到下面的表格中。

序号	重要条款	对农产品电子商务运营的影响

项目三

农产品电子商务运营思维

素养目标

1. 树立正确的农产品电子商务运营思维方式；
2. 培养农产品电子商务运营的精品化意识。

知识目标

1. 理解农产品电子商务运营的互联网思维；
2. 熟悉农产品电子商务运营的创新思维。

能力目标

1. 具备在农产品电子商务运营中运用互联网思维的能力；
2. 具备运用创新思维提升农产品电子商务运营品质的能力。

背景知识

“思路决定出路”，在农产品电子商务运营过程中，采用什么样的思维发挥着关键性的作用。本项目我们从互联网思维和创新思维的角度，阐述农产品电子商务运营的思维方式。

项目探索

任务一 理解互联网思维

一、互联网思维的起源与概念

（一）互联网思维的起源

互联网思维的起源可以追溯到20世纪60年代互联网诞生之时。在中国，互联网思维由互联网企业家在2010年左右提及，之后逐步进入大众视野。

随着移动互联网的普及，互联网的应用范围加速扩大，互联网逐渐成为大众化的工具，互联网思维也逐步得到了企业家的重视，并成为企业营销、产品战略等领域广泛应用的概念。

互联网的应用引发了人们生产生活方式的变革，进而推动了人们思维的变革，具体体现在以下几个方面。

1. 信息获取方式的变革

互联网为人们提供了一个拥有海量信息的平台，人们可以快速地获取所需信息，这改变了人们获取和处理信息的方式，使人们的思维更加开放和多元。

2. 交流沟通方式的变革

互联网提供了多种即时通信工具，使人们能够跨越地域限制进行实时交流，这不仅加速了信息的传播，也促进了全球范围内的知识共享和文化交融。

3. 工作模式的变革

互联网使远程工作成为可能，人们可以在家中或任何有网络的地方完成工作，这要求人们在思维上更加独立和自律。

4. 消费模式的变革

电子商务的兴起改变了人们的购物习惯，消费者可以通过网络进行比价、下单、支付等一系列操作，这种便捷性促使消费者更加注重体验的优化和个性化需求的满足。

5. 创新思维的激发

互联网为创业者提供了广阔的平台，任何人都可以在网络上尝试自己的创意和项目，这种低门槛的创新环境促进了创新思维的发展。

6. 决策方式的变革

大数据和云计算技术的应用使企业可以利用数据分析来支持决策，这种决策方式更加科学和精准，有助于提高决策效率和质量。

7. 协作模式的变革

互联网支持多人在线协作，使项目管理和团队合作更加高效，这要求人们在思维上更加协调和系统。

互联网的应用推动了人们思维方式的转型，从封闭到开放、从线性到非线性、从单一到多元……这些变革对个人发展和社会进步都产生了深远的影响。

（二）互联网思维的概念

互联网思维是一个广义的概念，它是一种在互联网、大数据、云计算等技术不断发展的背景下，对市场、用户、产品、企业价值链乃至整个商业生态进行重新审视的思维方式。这种思维方式强调利用互联网信息的优势来更好地实现目标。

互联网思维颠覆了传统的工业思维，消费者已经反客为主，拥有了消费主权。在消费者主权的大时代下，消费信息越来越对称，价值链上的传统利益集团越来越难以巩固自身的利益壁垒，传统的品牌霸权和零售霸权逐渐丧失了发号施令的能力。话语权从零售商那里转移到了消费者手中，全球消费者共同参与、共同分享的开放架构正在形成。这种话语权的变化，赋予了每个消费者改变世界的力量，它们已经参与到从创意、设计、生产到销售的整个价值链创造中来，这为农产品电子商务的发展提供了良好的技术基础和社会环境。

推特（Twitter）的创始人埃文·威廉姆斯（Evan Williams）对互联网思维给出了三个层面的解释：第一是商业方面的，发现并解决用户的一个微小“痛点”，这种发现不是想象，而是改善生活质量的推动力；第二是聚焦和减法，选择人类长期的需求并且研究如何去除需求满足过程的中间环节，尽量使其一步到位、简便易懂；第三是解放人性，不是用技术解放人性，而是用人的思维和文化解放人性。

这里所说的互联网，不单指桌面互联网或者移动互联网，而是指泛互联网，因为未来的网络形态一定是跨越各种终端设备的，包括台式机、笔记本、平板、手机、手表、眼镜等。

互联网思维在电子商务的运作中展现出强大的生命力，也给农产品电子商务的发展提供了新的思维方式。

小贴士

思维方式：思维方式是人们看待事物的角度、方式和方法，它对人们的言行起着决定性作用。不同民族、文化背景的人看待事物的角度、方式不同，这便是思维方式的不同。思维方式对了，行动才能对；行动对了，结果才能好。

二、互联网思维的组成要素和特征

（一）互联网思维的组成要素

互联网思维的组成要素较多，其中比较典型的有九个。下面，我们从农产品电子商务运营的角度分析互联网思维的九大要素，如图 3－1 所示。

1. 用户思维

用户思维是互联网思维的核心，它是指在农产品电子商务运营过程中，从农产品生产初期的种植、养殖，到消费者终端的农产品营销，在这条价值链的各个环节都“以用户为中心”去考虑问题的思维方法。例如，从消费者角度，实现农产品的反向定制化生产，就是用户思维的典型体现。

图3-1　互联网思维的九个组成元素

农产品电子商务运营的用户思维主要体现在以下几个方面：

(1) 用户需求洞察：深入了解用户的需求和偏好，包括他们对农产品的品质、口感、价格、包装等方面的要求。通过市场调研、用户调查等方式，获取用户反馈，不断调整和优化产品策略，以满足用户的期望。

(2) 用户体验优化：注重用户在购物过程中的体验，从界面设计、操作流程、支付方式等方面进行优化，确保用户能够轻松、愉快地完成购物。同时，提供个性化推荐和定制服务，根据用户的购买历史和喜好，为其推荐合适的农产品，提升用户的购物满意度。

(3) 用户关系维护：与用户建立良好的关系，通过定期推送优惠信息、新品推荐等方式，保持与用户的互动。同时，及时处理用户的投诉和反馈，解决用户在产品使用过程中遇到的问题，提升用户忠诚度。

(4) 用户价值提升：通过数据分析、用户画像等手段，深入了解用户的购买行为和消费习惯，为用户提供更精准的农产品推荐和定制服务。同时，通过会员制度、积分兑换等方式，增强用户黏性，提高用户的复购率。

农产品电子商务运营的用户思维强调以用户为中心，注重用户需求、体验和价值，通过不断优化产品和服务，提升用户的满意度和忠诚度，从而实现农产品电子商务的可持续发展。

2. 简约思维

简约思维是指以简化流程、提高效率、优化用户体验为目标的思维方式。在农产品电子商务运营中应用简约思维，要求做到农产品包装、营销方式等的简约精致，避免消费程序过于复杂，通过更加直观的形式表达农产品内在的价值。

农产品电子商务运营的简约思维主要体现在以下几个方面：

(1) 产品选择简化：在众多的农产品中，选择最具有代表性、最受欢迎或者最有特色的产品进行重点推广和销售。避免产品种类过于繁杂，使消费者能够更容易地找到自己需要或喜欢的产品。

(2) 购物流程简化：简化购物流程，减少不必要的步骤和环节，让消费者能够快速完成选购和支付。例如，提供一键购买、快速结算等功能，提高消费者的购物效率。

(3) 信息呈现简化：在商品详情页，用简洁明了的语言描述产品特点、产地、食用方法等信息，避免冗余和复杂的描述。同时，通过清晰、直观的图片或视频展示产品，让消费者能够一目了然。

(4) 平台设计简化：电商平台的设计应追求简约风格，界面清晰、布局合理，方便消费者快速找到所需信息或功能。避免过于花哨或复杂的设计，以免干扰消费者的购物体验。

(5) 营销策略简化：在制定营销策略时，注重精准和有效，避免过于复杂或烦琐的活动。例如，可以通过优惠券、限时折扣等简单直接的方式吸引消费者购买。

农产品电子商务运营的简约思维主要体现在产品选择、购物流程、信息呈现、平台设计和营销策略等多个方面。通过简化流程、突出重点和提供便捷的服务，能够更好地满足消费者的需求，提升消费者的购物体验。

3. 极致思维

极致思维强调在产品和服务的每一个细节上都追求卓越，力求达到最高标准，以此来满足甚至超越用户的期望。这种思维方式要求企业在设计和开发产品时，不断进行打磨和优化，确保用户体验尽可能完美。

农产品电子商务运营的极致思维具体体现在以下几个方面：

(1) 用户至上的极致体验。

1) 深入了解用户需求与偏好，提供个性化的农产品推荐和定制服务。

2) 优化购物流程，确保用户能够轻松、快捷地完成选购和支付。

3) 提供卓越的售后服务，解决用户在使用过程中遇到的任何问题，提升用户满意度和忠诚度。

(2) 产品品质的极致追求。

1) 严格筛选农产品供应商，确保产品的品质和安全。

2) 采用先进的保鲜技术和包装材料，确保农产品在运输过程中保持最佳状态。

3) 建立完善的质量检测体系，对农产品进行定期检测和评估，确保产品符合相关标准和规定。

(3) 营销策略的极致创新。

1) 利用大数据和人工智能技术，精准定位目标客户群体，制定个性化的营销方案。

2) 结合社交媒体、短视频等新媒体平台，开展多元化的营销活动，提高品牌知名度和影响力。

3) 创新营销手段，如开展农产品直播销售、推出农产品组合套餐等，吸引更多消费者关注和购买。

(4) 成本控制的极致精细。

1) 通过精细化的成本管理，降低运营成本，提高盈利能力。

2) 优化物流配送方案，降低运输成本。

3）提高农产品的附加值，通过深加工、品牌化等方式提升产品价值。

农产品电子商务运营的极致思维是一种全面、深入、精细化的运营理念，它要求运营者在各个方面都做到极致，以增强产品在用户体验、产品品质、营销策略和成本控制等方面的竞争力。

4. 迭代思维

迭代思维是一种以反复试错和改进为特征的思维方式，它强调在不断的尝试中逼近或达成目标。农产品电子商务运营的迭代思维要求以创造力为核心，对农产品进行循序渐进的开发和更新，这个过程中允许有不足，可以不断试错，在持续迭代中不断完善农产品电子商务运营。

农产品电子商务运营的迭代思维主要体现在以下几个方面：

（1）产品与服务的持续创新：农产品电子商务企业需要根据市场需求和消费者反馈，不断对产品进行迭代和创新。例如，可以推出更符合消费者口味的新品种农产品，或者改进产品的包装和运输方式，以提高产品的吸引力和竞争力。同时，服务层面也可以进行迭代，比如提供更加便捷的购物流程、更完善的售后服务等，从而提升消费者的购物体验。

（2）营销策略的持续优化：农产品电子商务企业需要根据市场变化和消费者行为适时调整营销策略。这包括分析不同渠道的营销效果，优化广告投放策略，以及利用社交媒体、短视频等新媒体平台进行营销推广。通过持续优化营销策略，企业可以更好地触达目标消费者，提高品牌知名度和销售额。

（3）供应链的持续升级：农产品电子商务企业需要关注供应链的效率和稳定性，通过技术和管理手段不断升级供应链。例如，可以利用物联网技术实现农产品的可追溯，确保产品质量和安全；优化物流配送体系，提高配送效率，降低物流成本。供应链的持续升级有助于提升企业的运营效率和市场竞争力。

（4）技术应用的持续探索：农产品电子商务企业需要积极探索新技术在企业业务中的应用。例如，可以利用大数据和人工智能技术分析消费者行为与市场趋势，为产品开发和营销策略的制定提供数据支持；也可以利用区块链技术提高供应链的透明度和安全性。通过不断探索和应用新技术，企业可以保持领先地位并及时应对市场变化。

农产品电子商务运营的迭代思维强调在产品与服务、营销策略、供应链以及技术应用等多个方面进行持续的创新和优化。这种思维方式有助于企业更好地适应市场变化、提升竞争力，并实现可持续发展。

5. 流量思维

流量思维是一种基于用户的访问量考虑问题的思维方式。有了流量，就可以将流量转化为盈利。在传统商业模式下，人流量大的地方，门店的客流量必然会多，房子的租金也必然会高。同样的思维逻辑也适用于互联网，所不同的是在互联网行业，流量的本质是用户时间和关注度。流量意味着体量，体量意味着价值。

农产品电子商务运营的流量思维是指在电子商务平台上销售农产品时，重视吸引和维护用户流量的思维方式。这种思维方式要求农产品电子商务企业不仅要关注产品的质量，还要通过各种手段吸引更多的用户访问和购买，提高用户的复购率。

农产品电子商务运营的流量思维主要体现在以下几个方面：

（1）以吸引和维护用户流量为核心目标。在农产品电子商务领域，企业需要通过各种策略吸引更多的潜在用户，并留住现有的用户。例如，通过搜索引擎优化（SEO）和社交媒体营销，提高网站或在线商店的曝光度，从而吸引更多的访问者。

（2）注重用户获取、参与和转化。在农产品电子商务领域，从潜在用户的识别，到引导他们参与购物过程，再到最终实现购买转化的整个过程，都需要企业通过提供有吸引力的农产品信息、优惠活动、用户评价等方式，激发用户的购买欲望，促进转化率的提升。

（3）强调用户体验和内容营销的重要性。农产品电子商务企业需要关注用户在使用网站或在线商店时的体验，确保界面友好、操作便捷。同时，要提供高质量的内容，如产品介绍、烹饪教程、健康饮食建议等，以引起用户的兴趣，增强用户黏性，提高用户忠诚度。

（4）重视数据分析和技术应用。通过对用户行为、访问量、转化率等数据进行深入分析，农产品电子商务企业可以了解用户需求和市场趋势，从而制定更有效的营销策略。同时，企业可以利用先进的技术手段，如人工智能、大数据等，提升用户体验和服务质量，以吸引更多流量并促进业务增长。

农产品电子商务运营的流量思维是一种注重吸引和维护用户流量、提升用户参与度与转化率的商业模式和策略。通过优化用户体验、提供高质量内容、进行深入的数据分析和采用先进的技术手段等方式，农产品电子商务企业可以不断提升自身的竞争力，扩大市场份额。

6. 社会化思维

社会化思维是指利用社会化工具、社会化媒体和社会化网络等载体，重塑企业和用户的沟通关系，乃至产品运营的组织管理和商业运营模式的思维方式。农产品电子商务运营的社会化思维主要是指在电子商务环境下，将农产品的销售与社会发展目标相结合，注重社会责任，并利用社会资源和社会资本来提升农产品的销售效率和影响力。

农产品电子商务运营的社会化思维主要体现在以下几个方面：

（1）充分利用社会化媒体与工具来推广和销售农产品。例如，农产品电子商务企业可以通过微博、微信、抖音等社交平台发布产品信息、进行品牌推广，并与消费者进行实时互动，解答疑问，增强消费者的信任感和购买意愿。

（2）与消费者建立紧密的互动关系。农产品电子商务企业不仅要提供产品，还要通过社交媒体等平台与消费者分享农业知识、健康生活方式等内容，从而增强与消费者的情感联结，提升消费者对品牌的忠诚度。

（3）深入理解并充分满足消费者需求。通过收集和分析消费者在社交媒体上的言论和行为，农产品电子商务企业可以洞察消费者的需求变化，从而调整产品策略和市场策略，更好地满足消费者的需求。

（4）与相关方密切合作。例如，农产品电子商务企业可以与农户、农业合作社等建立紧密的合作关系，确保农产品的质量和供应；也可以与物流公司合作，优化配送服务，提升消费者购物体验；还可以与政府机构、行业协会等合作，共同推动农产品电子商务的发展。

农产品电子商务运营的社会化思维主要体现在充分利用社会化媒体与工具推广和销售农产品、与消费者建立紧密的互动关系、深入理解并充分满足消费者需求以及与相关方密切合作等方面。这种思维方式有助于农产品电子商务企业更好地适应市场变化，提升竞争力，实现可持续发展。

7. 大数据思维

大数据思维是指运用大数据的理念、技术和方法来分析和解决问题的思维方式。农产品电子商务运营的大数据思维强调利用大数据分析平台来发掘和利用数据间的关联性，据此优化农产品的生产、流通、加工和销售等各个环节。这种思维方式的核心在于通过对大量农产品数据进行分析和处理，总结出数据间内在的联系，从而为整个农产品电子商务的运营提供决策支持。

农产品电子商务运营的大数据思维主要体现在以下几个方面：

（1）对海量数据进行收集、处理和分析，以洞察市场趋势和消费者需求。农产品电子商务企业可以通过收集用户的浏览记录、购买行为、搜索关键词等数据，分析消费者的偏好、购买习惯和潜在需求，从而精准地定位目标市场，制定个性化的营销策略。

（2）利用大数据优化供应链管理。通过对农产品生产、流通、销售等环节的数据进行监控和分析，农产品电子商务企业可以实时了解农产品的产量、质量、价格等信息，预测市场供需变化，从而合理安排采购、生产和销售计划，降低库存风险，提高运营效率。

（3）利用大数据提升用户体验。通过分析用户的购物行为、反馈意见等数据，农产品电子商务企业可以及时发现并解决用户在购物过程中遇到的问题，优化购物流程，提升用户满意度。同时，企业还可以根据用户的个性化需求，提供定制化的产品和服务，提高用户的忠诚度，增强用户黏性。

（4）利用大数据创新商业模式。通过对数据的深入挖掘和分析，农产品电子商务企业可以发现新的市场机会和商业模式，如开展农产品预售、众筹等新型业务，拓展收入来源，提升盈利能力。

农产品电子商务运营的大数据思维主要体现在市场分析、供应链管理优化、用户体验提升和商业模式创新等方面。通过运用大数据思维，农产品电子商务企业可以更好地了解市场和消费者，优化运营策略，提升竞争力。

8. 平台思维

平台思维就是开放、共享、共赢的思维。平台思维的精髓在于打造一个多主体共赢互利的生态圈。农产品电子商务运营的平台思维是指利用电子商务平台整合资源，创新销售模式，打造品牌，并通过数据分析优化供应链，以提升农产品的市场竞争力，促进农产品销售。农产品电子商务的运营需要农户、农产品相关行业协会、农产品电子商务企业、政府等共同打造综合化的平台，在互补、共赢、创新、发展等理念下构建良好的农产品电子商务生态圈。

农产品电子商务运营的平台思维主要体现在以下几个方面：

（1）构建生态系统。平台思维的核心在于构建一个完整、协同的生态系统。在农产品电子商务领域，这意味着平台不仅要提供交易服务，还要整合农产品供应链、物流、金融等多个环节，形成一个高效运转的商业闭环。

（2）连接供需双方。平台作为桥梁，将农产品生产者和消费者紧密连接在一起。生产者可以通过平台直接销售农产品，减少中间环节，降低成本；消费者则可以在平台上选择丰富多样的农产品，享受便捷的购物体验。

（3）开放与共享。平台思维强调开放与共享，鼓励各方共同参与平台的建设和运营。通过开放应用程序编程接口（API）、数据共享等方式，吸引更多的合作伙伴加入，共同推动农产品电子商务的发展。

（4）提供增值服务。除了基本的交易服务外，平台还提供一系列增值服务，如农产品信息展示、价格指导、物流配送、金融服务等。这些服务有助于提升平台的综合竞争力，吸引更多用户。

（5）注重用户体验。平台思维强调以用户为中心，注重提升用户体验。通过优化界面设计、简化操作流程、提供个性化推荐等方式，提高用户的满意度和忠诚度。

农产品电子商务运营的平台思维是一种综合性的思维方式，旨在构建一个完整、协同、开放、共享的商业生态系统，为各方参与者提供高效、便捷的服务，推动农产品电子商务的持续发展。

9. 跨界思维

跨界思维是从多角度看待问题和提出解决方案的一种思维方式。跨界思维不仅代表着一种时尚的运营方式，更代表着一种新锐的世界眼光和思维特质。农产品电子商务运营的跨界思维主要是指在电子商务的基础上，跨越传统的农业和商业界限，通过整合不同领域的资源和创新商业模式来提升农产品的市场竞争力和销售效率。

农产品电子商务运营的跨界思维主要体现在以下几个方面：

（1）行业间的跨界合作。农产品电子商务不应局限于传统的农产品销售，还要积极与其他行业进行合作与融合。例如，与旅游业结合，推出农产品体验游，让游客在品尝农产品的同时，了解农产品的生长环境和生产过程；与餐饮业合作，提供优质的农产品原材料，共同打造健康美食等。这种跨界合作不仅拓宽了农产品的销售渠道，也提升了农产品的附加值。

（2）技术与农业的跨界融合。农产品电子商务要充分利用现代科技手段，推动农业生产的智能化、精准化。例如，利用物联网技术实现农产品的远程监控和智能管理，提高农业生产效率；通过大数据分析，精准预测市场需求，指导农业生产计划；利用区块链技术确保农产品的质量安全，提升消费者信任度。

（3）文化与电商的跨界传播。农产品往往承载着丰富的地域文化和民俗特色。农产品电子商务企业可以通过挖掘农产品的文化内涵，并将其与电商销售相结合，打造具有地域特色的农产品品牌。同时，通过讲述农产品故事、传播农业文化，吸引消费者的关注，激发消费者的购买欲望，提升农产品的市场竞争力。

（4）金融与电商的跨界服务。农产品电子商务在发展过程中可以积极与金融机构合作，为农业生产者和消费者提供便捷的金融服务。例如，为农业生产者提供融资支持，解决其资金问题；为消费者提供分期付款、信用支付等灵活的支付方式，提升购物体验。这种跨界服务有助于促进农产品电子商务的健康发展。

农产品电子商务运营的跨界思维主要体现在行业间的跨界合作、技术与农业的跨界融合、文化与电商的跨界传播以及金融与电商的跨界服务等多个方面。这种思维方式有助于打破传统行业的界限，推动农产品电子商务的创新发展。

集思广益

怎么理解互联网思维？如何运用互联网思维进行农产品电子商务运营？

（二）互联网思维的特征

互联网思维的特征可以简单地概括为："专注、极致、口碑、快"。

专注：专注于一个领域，把关注点集中。不要害怕失败，通过失败可以吸取教训、积累经验。

极致：力所能及做到最好，达到别人达不到的高度。

口碑：超出用户预期，就是比用户想象的还要好，才能真正有口碑。

快：快就是一种力量。企业在快速发展的时候往往风险是最小的，当速度慢下来，问题就容易暴露出来。

"专注、极致、口碑、快"在农产品电子商务运营方面给我们带来了思考和启发：在农产品电子商务运营过程中，通过"专注"聚焦于自己擅长的农产品领域，将农产品电子商务做强做大；通过"极致"在农产品电子商务的物流、包装、品牌、质量等方面下足功夫；通过"口碑"让农产品电子商务在消费者中间口口相传，实现农产品的口碑营销；通过"快"实现农产品的快速迭代和改良创新，让消费者始终有新鲜感。

集思广益

互联网思维的特征有哪些？这些特征对我们进行农产品电子商务运营有哪些启发？

运营故事

如何让你的农产品在互联网上活起来

我们从农产品销售的角度，分析如何利用互联网思维解决农产品销售的问题。

1. 用户思维

"三农"的互联网思维，首先就是用户思维，一定要学会从用户的角度去想问题。互联网的存在使有口碑的产品传播得非常快，但同时，如果产品让用户有哪怕一点点的不满意，这个产品的缺点也会马上传开，并且放大。而且有的时候，用户需要的往往和我们想象的有很大差距，所以一定要学会换位思考。

2. 大数据思维

农产品电子商务经营要有大数据思维，大数据思维就是要学会对数据进行统计和分析，并从中看出市场的需求动态，从而做出最精确的判断。利用大数据可以有效解决信息不对称的难题，帮助农业生产者及时掌握市场信息，促进农产品的销售。

3. 爆款思维

由于互联网的快节奏和虚拟化的连接性，营销传播中通常只有第一，没有第二。如果首次登场的产品推错了，那么以后推出的新产品就很难再引起大家的注意。所以从这个意义上说，互联网产品的打造，就是爆款的打造。比如，一些农场引进的新品种水果产量不一定很大，但要具备新鲜感和稀缺性，能在短时间内吸引大量的眼球，用最快速的方式来获取新客，并争取将他们转化为经典款的回头客。

4. 品质思维

品牌品牌，品为先，牌为后，没有高品质的产品，永远都不会有品牌。在互联网时代，因为时空分离和期望积累，品质差给消费者带来的失望会更加强烈。同时，由于互联网的传播效应，品质不好的产品带来的负面效果真的是“坏事传千里”。而且互联网销售和消费端的参与者比传统渠道更为复杂，因此，产品品质差带来的负面影响更广。

5. 网货思维

网货和普通产品是不同的，网货指的是打破时空界限，通过物流到达消费者手中的商品。对于网货，我们需要考虑产品的单价、体积、重量、包装、时效和售后服务等。网货都是需要通过物流体系送达消费者手中的，中间的每一个环节都必须考虑到，如单价多少、快递费用、保鲜程度等，你的产品品质再好，如果没能把握好网货的概念，也可能导致亏损、退货甚至投诉。

6. 场景思维

场景营销，专业一点来说就是对用户数据进行挖掘和分析，然后在某个时间、某个地点的特定场景下，关联用户线上和线下的行为，去判断用户的需求，最后为用户提供精准的产品和服务。

资料来源：浙大休闲农业．如何让你的农产品在互联网上活起来．(2020-09-09)[2024-11-08]. https://www.sohu.com/a/417224754_782118.

【分析提示】

运用用户、大数据、爆款、品质、网货和场景六大思维，能够有效解决农产品销售问题，推动“三农”领域发展。

任务二　学用农产品电子商务运营创新思维

一、创新思维的概念

创新思维是一种突破传统框架，采用新颖独创的方法来解决问题的思维方式。创新思维通常以现有的思维模式提出有别于常规或常人思路的见解，利用现有的知识和资源，在特定的环境中，本着理想化需要或为满足社会需求，而改进或创造新的事物、方法、元素、路径、环境，以获得一定的有益效果。

农产品电子商务中的创新，主要体现在农产品创新和经营创新两个方面。创新不一定非得创造出全新的东西，将旧的农产品以新的形式包装一下或以新的切入点进行营销，也可以称为创新。创新思维的本质在于用新的角度、新的思考方法来解决农产品电子商务经营中的问题。

二、农产品电子商务运营创新思维的过程

创新思维都要经历一个过程，包括问题的发现、提出、描述、分析及解决方案的提出与论证等。在农产品电子商务运营中，创新思维的基本活动过程一般包括以下四个阶段。

（一）准备阶段

在农产品电子商务运营创新思维的准备阶段，主要任务是搜集农产品电子商务运营的相关信息和资料，在前人知识经验的基础上对问题形成新的认识。也就是说，要了解现有农产品电子商务运营问题的具体情况，产生创新的需求，激发创新动机，在发现问题的基础上提出问题，并通过深入分析使问题更加明确，从而为下一阶段的农产品电子商务运营创新思维活动做好准备。例如，鸡蛋这种生鲜产品在运输过程中十分容易损坏，因此，我们需要考虑如何用性价比更高、质量更可靠的包装，保证新鲜鸡蛋在物流运输中不会发生损坏。为此就需要进行大量的市场调研，看看是否有更好的解决方案。

（二）酝酿阶段

当农产品电子商务运营中的问题明确以后，就需要找出问题的关键点，以便思考解决这一问题的各种策略。一方面，要搜集整理知识信息，弥补知识缺陷；另一方面，要消化原始材料，提出构思，寻找解决方案。有些问题可能由于一时难以找到答案而被暂时搁置，但是这些问题会一直萦绕在脑海中，成为一种潜意识。仍以鸡蛋的运输问题为例，我们可以考虑是否能用泡沫模具替代传统的塑料定型模具，以减轻鸡蛋在运输中的颠簸，从

而减少损坏。

（三）实施阶段

经过农产品电子商务运营创新思维的准备阶段和酝酿阶段，我们对农产品电子商务运营的创新已达到相当成熟的程度。经过深思熟虑、反复尝试之后，实施阶段的思路逐渐清晰。还是以鸡蛋的运输问题为例，我们可以动手进行相关的实验，看看用哪种方法能够实现更加稳妥的运输，从中选出性价比最高的方案。

（四）反思阶段

反思阶段也称验证阶段，主要是对农产品电子商务运营创新思维活动中所产生的新方法和新策略进行反思与检验，对其不足之处进行调整，使其更加合理，最后以适当的形式表达出来，用于指导实践。

以上四个阶段是相互联系、相互影响的。前一阶段要为后一阶段做好准备，后一阶段可能包含前一阶段的一些因素。在整个创新思维活动过程中，各种思维方法是交互作用的。

三、农产品电子商务运营创新思维的实施体系

创新思维能够使人突破思维定式来思考问题，按新的思路去寻找解决问题的方法。农产品电子商务运营中的创新思维，主要有逆向思维、求异思维、发散思维、头脑风暴思维等。

（一）逆向思维

逆向思维，也称求异思维，它是对司空见惯的、似乎已成定论的事物或观点反过来进行思考的一种思维方式，也就是“反其道而思之”，让思维向对立面的方向发展，从问题的反面深入地进行探索，树立新思想，创立新形象。逆向思维往往能够突破常规的束缚，产生出奇制胜的效果。需要注意的是，逆向思维并不是主张人们在思考问题时违背常规，不受限制地胡思乱想，而是在思维活动中关注小概率事件的可能性，逆向思维就是一种小概率思维模式。例如，如果大家都争着去种好卖的农产品，那么该农产品必然会因为供大于求而价格降低。针对现在价高好卖的农产品来年可能就价低难卖这一惯常现象，农产品经营者应该善于进行逆向思维，而不是跟风操作。如果今年某种农产品不好卖了，许多人都不想再种了，明年很可能会因种植面积减少而价格上升。而经营者若采取出其不意的策略，当别人都不想种时选择种植该农产品，就有很大概率在市场竞争中胜出。

逆向思维具有以下几个特征。

1. 普遍性

普遍性是指逆向思维的运用普遍地存在于人们的学习、生活、工作中。任何事物都具有正反两个方面，因而逆向思维在不同领域的各种活动中都具有适用性。

2. 逆向性

逆向性即逆向思维的思路与常规思维是相反的。

3. 新颖性

新颖性是指逆向思维是一种打破常规，通过新颖、特殊的方法或思路解决问题的思维方式。循规蹈矩或按传统方式解决问题虽然简单，但往往只能得到一些司空见惯的答案。逆向思维能够跳出传统的思维框架，结果往往出人意料，给人耳目一新的感觉。

（二）求异思维

求异思维是指思维主体在思考某一问题时，不受已有信息或以往思路的限制，从不同方向、不同角度去寻求解决问题的方法的一种思维方式，包括发散求异和转换求异等。农产品电子商务同质化现象普遍存在，很多不同品牌的产品在外观和功用上基本相同，差别不易分清，且在营销手段上也相互模仿，同质化竞争比较严重。为此，在农产品电子商务运营中我们更需要采用求异思维。

求异思维具有以下几个特征。

1. 灵活性

灵活性又称变通性，这里的变通是指思维随机应变，触类旁通，不局限于某一视角或某一方面，能从思维的某一方向、方面跳到更多的方向、方面，从而形成多向思维。求异的基础就是思维的灵活运用，求异思维本身就是一种灵活机动运行的思维方式。没有了高度的灵活性，求异思维也就不存在了。

2. 积极性

求异思维的积极性是指思维主体面对问题时能主动、积极地寻求不同的解决方法。一方面，问题是科学研究的出发点，问题的存在促使思维主体不断地探索问题的解决方法。另一方面，求异思维的灵活性决定了求异的思维方式没有既定的运行通路，这就需要思维主体在求异的各种通路中积极寻找合适的路径。如果没有积极的思维品质，就无法求异，充其量只是不变的求同和程序性的前进。

无论从事何种开拓性的工作，只有主动、积极、灵活地运用求异思维，才能有所成就、有所创新。因为这种思维方法可以充分发挥各种思维形式的独特作用，促进思维过程与思维方法的转化，从而打破旧的思维，取得创新成果。

3. 多元性

求异思维的多元性是指思维方式多方发散、多路运行。求异思维不同于一元性思维方式，一元性思维方式是一种单向思维，它会限制求异思维的展开。求异思维要求在认识过程中关注客观事物的复杂性与多样性，找到与众不同的思维切入点。例如，消费者对蔬菜的品质区分度不高，即使标注了有机、绿色、无公害蔬菜，有的还加上地理标志，消费者也很难从口感上去辨识蔬菜的品质。如果采用求异思维，对蔬菜进行深加工，通过脱水转换为冻干蔬菜，就能在口感上与传统蔬菜区别开，从而提升蔬菜的价值，赢得消费者的青睐。

4. 试错性

求异思维的试错性表现为思维主体为寻求科学合理的问题解决方法而不断地探索，反复地尝试、纠错、论证。求异思维的试错性体现了思维主体的批判态度。

小贴士

试错：试错是解决问题、获得知识常用的方法，即根据已有经验，采取系统或随机的方式，去尝试各种可能的答案。在试错的过程中，先选择一个可能的解法应用在待解决问题上，经过验证后如果失败，再选择另一个可能的解法接着尝试下去。整个过程在其中一个解法解题成功时结束。

（三）发散思维

发散思维又称辐射思维、放射思维、扩散思维，是一种呈现出扩散状态的思维模式，它表现为思维视野广阔，思维呈现出多维发散状，如“一题多解”“一事多写”“一物多用”。在农产品电子商务运营中，发散思维也很重要，面对农产品电子商务运营中的问题，我们可以多用发散思维去寻找解决方法。

发散思维有以下几个特征。

1. 流畅性

流畅性是指观点的自由发挥。它要求在尽可能短的时间内生成并表达出尽可能多的思想观念，并较快地适应、消化新的思想观念。流畅性反映的是发散思维的速度和数量特征。

2. 变通性

变通性就是人克服头脑中某种僵化的思维框架，按照某一新的方向来思考问题。变通性需要通过横向类比、跨域转化、触类旁通，使思维沿着不同的方向扩散，表现出极强的多样性和多面性。

3. 全面性

发散思维要求思考者系统、全面地考虑问题，而不是仅仅关注问题的表象，要深入了解问题的本质以及表象与本质之间的内在联系，从而寻求更加全面有效的解决方案。

4. 独特性

独特性是指人们在发散思维活动过程中做出不同寻常的、异于他人的新奇反应的能力。独特性是发散思维的最高目标，是在流畅性和变通性的基础上形成的发散思维的高级层次。没有发散思维的变通性和流畅性，就没有其独特性。要实现思维的变通和流畅，就需要广博的知识、多方面的生活经验。因此，知识和经验为发散思维的独特性创造了条件。

5. 多感官性

发散思维不仅注重运用听觉思维和视觉思维，而且要求充分利用其他感官接收信息并进行加工。发散思维还与情感有密切的关系。如果思维主体能够想办法激发兴趣，产生激情，把信息感性化，赋予信息以感情色彩，就能提升发散思维的效果和速度。

（四）头脑风暴思维

头脑风暴又称智力激励法、BS（Brain Storming）法、自由思考法，是由美国创造学

家奥斯本（A. F. Osborn）于 1939 年首次提出、1953 年正式发表的一种激发思维的方法。此法经各国创造学研究者的实践和发展，已经形成了一个发明技法群，如奥斯本智力激励法、默写式智力激励法、卡片式智力激励法等。

在进行头脑风暴时，参与者不受规则的约束，可以自由地思考，进入思想的新领域，从而产生很多新观点和问题解决方法。当参与者有了新观点和新想法时，他们就大声说出来，然后在他人提出的观点之上再提出新观点。所有的观点和想法都被记录下来，但任何人都不对它们进行评价。只有在头脑风暴会议结束后，才对这些观点和想法进行评估。

头脑风暴可分为直接头脑风暴和质疑头脑风暴。前者是在专家群体决策的基础上尽可能激发创造性，产生尽可能多的设想的方法；后者则是对前者提出的设想、方案逐一质疑，论证其现实可行性的方法。农产品电子商务团队可以用头脑风暴思维来解决运营中遇到的一些难题。

头脑风暴思维具有以下几个特征。

1. 自由开放与创意激发

头脑风暴思维鼓励参与者自由思考，不受限制地提出各种创意和想法。在农产品电子商务领域，头脑风暴可以激发农产品营销、供应链管理、用户体验等方面的新思路，从而推动业务创新和优化。

2. 多样性与集体智慧

头脑风暴思维强调团队的多样性和集体智慧。农产品电子商务涉及多个领域的知识，如农业、电子商务、市场营销等。通过集思广益，不同专业背景的参与者可以共同为农产品电子商务的发展贡献智慧和创意。

3. 延迟评判与鼓励创新

在头脑风暴过程中，对于参与者提出的想法和创意，通常采取延迟评判的策略。这意味着在讨论初期，不对任何想法进行批判或评价，而是鼓励大家积极提出各种可能性。这种氛围有助于激发创新思维，避免因为过早评判而限制创意的产生。

4. 换位思考与共情理解

头脑风暴思维强调换位思考和共情理解。在农产品电子商务运营中，这意味着企业需要从消费者、农户、平台等多方角度出发思考问题和提出解决方案。这样有助于更好地理解各方需求和痛点，从而提出更具针对性和可行性的创意。

5. 高效沟通与协作

头脑风暴通常需要在有限的时间内完成，这要求参与者具备高效的沟通和协作能力。在农产品电子商务领域，团队成员需要迅速理解彼此的想法，共同构建和完善创意，从而推动项目的开展。

四、农产品电子商务运营创新思维的应用

农产品电子商务运营创新思维的应用，是指在农产品电子商务领域，通过引入新颖、独特且富有创造性的思维方式和方法，推动农产品电子商务运营的优化和升级。这种应用不仅涉及技术层面的创新，还包括商业模式、营销策略、用户体验等多个方面的革新。

具体来说，农产品电子商务运营创新思维的应用体现在以下几个方面：

首先，在技术层面上，农产品电子商务企业利用大数据、物联网、人工智能等先进技术，对农产品的生产、加工、销售等环节进行智能化管理，提高农产品流通效率，降低运营成本。

其次，在商业模式上，农产品电子商务企业打破传统销售模式，采用预售、团购、定制等新型销售方式，满足消费者多样化的需求，提升用户体验。

再次，在营销策略上，农产品电子商务企业运用新媒体、社交电商等新型营销手段，通过精准营销、内容营销等方式，提高品牌知名度和市场占有率。

最后，在用户体验上，农产品电子商务企业注重提升购物流程的便捷性、界面设计的友好性以及售后服务的完善性，从而提升用户满意度和忠诚度。

综上所述，农产品电子商务运营创新思维的应用是一个综合性的概念，它涵盖了技术、商业模式、营销策略和用户体验等多个方面。通过引入创新思维和方法，农产品电子商务能够更好地适应市场变化，提升竞争力，实现可持续发展。

集思广益

怎么理解创新思维？如何在农产品电子商务运营中运用创新思维？

运营故事

辽宁省朝阳市运用创新思维全力推进电商助农

辽宁省朝阳市被誉为“世界上第一只鸟飞起的地方、第一朵花绽放的地方”，拨开历史的风尘，朝阳市创新思维，全力进军电商助农主战场，走上直播经济潮头。

2020 年 6 月 29 日，朝阳市市长走进拼多多直播间，携手北票市、凌源市、朝阳县、喀喇沁左翼蒙古族自治县、建平县、双塔区和龙城区的 7 名县（市、区）长组成“带货天团”，为朝阳市特色产品站台助力。本次直播共吸引 150 万名网友围观，承接直播的拼多多“朝阳好货”店铺单日圈粉数超过 4 万人，线上销售额超过 400 万元。

朝阳市是一座拥有约 1 700 年建城史的历史文化名城，市长在直播中对朝阳市的厚重历史如数家珍：“朝阳的文化底蕴非常深厚，被称为‘花鸟源头，文明曙光’。”在直播中，市长送出 999 张“朝阳旅游一卡通”，请网友免费游览朝阳市 100 余个景区。他表示，朝阳市自然禀赋独特，下辖每个区县的农产品都各有特色、各有故事，希望网友能抽时间到朝阳市走走。

“吃我们北票的绿豆糕、脱水蛋糕，吃的是小时候的味道。”直播中，北票市市长带网友探寻怀旧美食。他回忆，小时候家里比较困难，每次走亲戚，都会用灰色的纸包几块蛋糕，再覆上一张红纸，这就是走亲访友最好的礼物。他力推的老口味蛋糕当天直播间秒杀价仅 1 元，限量 2 000 份的蛋糕被网友瞬间抢空。

几千年来，农耕与游牧文明交汇相融，奠定了朝阳市农业畜牧业大市的坚实基础。双塔区作为朝阳市中心城区，倾力打造了桃花吐镇蔬菜高效农业基地、长宝乡梨业基地、孙家湾镇大枣产业基地、他拉皋镇一地多收基地。双塔区区长说：“双塔区年均日照时数 2 850 至 2 950 小时，与新疆哈密、吐鲁番等地区纬度相近，特别适合林果生长，所以我们的水果、蔬菜品质都特别好。”

朝阳县一直在农村电商领域积极探索，这次是朝阳县县长首次参与电商直播带货。他说：“第一次直播，虽然很紧张，但是非常有意义。我希望自己能起到一个带动作用，今后直播助农将会成为我们朝阳县的常态。”

近年来，朝阳市积极探索利用电子商务促增收、助脱贫，农村电子商务发展势头迅猛。本次直播助农活动，由市长“挂帅”，7 名县（市、区）长“披挂上阵”，充分体现了朝阳市各级政府把“电商新农具”的战略部署落到实处。

资料来源：杨秀峰．辽宁省朝阳市创新思维全力推进电商助农．(2020-07-06) [2024-11-08]. http://www.ce.cn/cysc/sp/info/202007/06/t20200706_35262402.shtml.

【分析提示】

要想让农产品电子商务更好地发展，创新思维是关键。抓住行业热点，将直播电商等新形态、新方法应用于农产品电子商务中，必然会带动农产品电子商务的有效发展。

项目总结

本项目我们讨论了农产品电子商务运营的互联网思维和创新思维。通过运用互联网思维和创新思维，可以有效整合各类农产品资源，提升农产品市场竞争力，充分发挥电子商务的优势，提升农产品附加值。在农产品电子商务运营中应该大力提倡互联网思维和创新思维。

项目检测

一、单项选择题

1. 在农产品电子商务中，下列哪一项不是物流配送体系创新的举措？（　　）

A. 建立冷链物流系统　　B. 提供自提点服务

C. 增加配送中心数量　　D. 使用新型包装材料

2. 为了提高市场竞争力，农产品电子商务平台应该重视（　　）。

A. 价格战　　B. 技术创新

C. 打压竞争对手　　D. 垄断市场份额

3. 社区团购和订阅农产品服务属于农产品电子商务哪个方面的创新？（　　）

A. 产品创新　　B. 营销创新

C. 商业模式创新　　D. 人才培养创新

二、判断题

1. 农产品电子商务的发展需要政府的政策支持和税收优惠。（　　）

2. 消费者在农产品电子商务中只关心价格，不关心产品的质量和品牌故事。（　　）

3. 利用大数据进行精准营销可以降低农产品电子商务的转化率。（　　）

4. 社会各界的参与对于农产品电子商务的发展具有积极作用。（　　）

三、名词解释

1. 互联网思维

2. 创新思维

四、简答题

1. 如何运用互联网思维中的用户思维进行农产品电子商务运营？

2. 农产品电子商务运营中有哪些环节可以运用创新思维取得突破？

五、论述题

1. 浅析互联网思维对农产品电子商务运营有哪些启发。

2. 阐述逆向思维、求异思维、发散思维、头脑风暴思维在农产品电子商务运营中的应用。

项目延伸

总结本项目中介绍的思维方式及其对农产品电子商务运营的启发，填写到下面的表格中。

序号	思维方式	对农产品电子商务运营的启发

项目四

农产品电子商务运营模式及平台

素养目标

1. 树立正确的农产品电子商务运营理念；
2. 培养农产品电子商务运营的创新意识。

知识目标

1. 熟悉农产品电子商务运营的各种模式；
2. 了解农产品电子商务运营的平台。

能力目标

1. 能够选择合适的农产品电子商务运营模式；
2. 能够恰当选择农产品电子商务运营平台。

背景知识

通过农产品电子商务精细化运营，增强农产品竞争实力，是当前农产品电子商务关注的重点。本项目从农产品电子商务运营的模式、平台等入手，探究农产品电子商务运营中涉及的运营方法、手段和路径。

项目探索

任务一 探索农产品电子商务运营模式

一、农产品电子商务运营模式概述

在农产品电子商务发展过程中，需要不断探索和总结适合本地农产品电子商务发展的运营模式。实践证明，选择正确的运营模式，是农产品电子商务企业在生存和发展过程中必须面对和思考的问题。

小贴士

模式：模式是对经验的有效总结，是针对某种问题大家公认行之有效的解决方案。模式揭示了主体行为的一般方式，具有一般性、简单性、重复性、结构性、稳定性、可操作性等特征。模式在实际运用中必须结合具体情况，将一般性和特殊性相结合，并根据实际情况的变化随时调整要素与结构才有可操作性。

（一）农产品电子商务运营模式的概念和发展现状

1. 农产品电子商务运营模式的概念

农产品电子商务运营模式，是指在开放的网络环境下，农产品买卖双方为了基于互联网方式进行农产品，如五谷杂粮、新鲜果蔬、生鲜肉类等的商贸活动而构建的一种电子商务交易的商业机制和格局，在这种机制和格局下形成的商业模式具有可借鉴性。

农产品电子商务运营模式需要关注的是农产品电子商务交易参与的主体、交易形式、交易特色和盈利方式等要素。我国传统农产品流通销售过程（从农产品产出到消费），通常要经过农产品经纪人、批发商、零售终端等多个中间环节，存在信息流通不畅、流通成本过高的问题。互联网的出现，恰好改进了其弊端，并将农产品的流通渠道变成网络状，进而衍生出几种不同的农产品电子商务运营模式，如：C2B/C2F 模式、O2O 模式、B2B 模式、B2C 模式（分平台型 B2C 和垂直型 B2C 两种）、F2C 模式。其中，C 是消费者、B 是商家、O 是线上（Online）或线下（Offline）、F 是农场。

2. 农产品电子商务运营模式发展现状

随着农产品电子商务的不断发展，各地都在积极探索农产品电子商务发展的形式，并总结出不同的农产品电子商务运营模式，形成了自身的发展特色和规模。目前，我国的农产品电子商务运营模式发展现状可以简要概括为以下几点：

（1）农产品电子商务运营模式不断创新。

目前农产品电子商务市场上已经形成了以淘宝、京东、苏宁、拼多多等为主导的竞争格局，同时，顺丰优选、天猫、沱沱工社、本来生活等众多专业农产品电子商务平台也在争夺市场份额，形成了多强争霸的局面。

这些电商平台不断探索、创新商业模式，以满足消费者多样化的需求。例如，“产品＋网站＋消费”模式将农产品与电商平台相结合，方便消费者在线购买；地方特色馆模式则聚焦于各地特色农产品，满足消费者对地域特色产品的需求；O2O 模式将线上销售与线下实体体验相结合，让消费者在线上购买农产品的同时，也能享受到实体店的服务。

此外，直播作为一种新兴的营销手段，已经成为农产品电子商务运营的一大亮点。通过直播，商家可以向消费者展示农产品的生产、加工、储存等各个环节，让消费者更直观地了解农产品的质量和特点，从而增强购买意愿。同时，通过直播还能实现与消费者的实时互动，提高营销效果。

目前，农产品电子商务市场正呈现出多元化、专业化的发展趋势，各类创新运营模式不断涌现，为消费者提供了更加丰富、便捷的购物体验。

（2）农产品电子商务运营模式基础不断加强。

5G 通信技术的普遍应用，以及网络宽带、冷链物流、配送中心等基础设施的不断完善，加快了农产品电子商务的发展。同时，农产品电子商务交易规模的不断扩大也促进了农产品电子商务运营模式的推陈出新。

（3）农产品电子商务运营模式的作用日益明显。

作为一种新型的商业模式，农产品电子商务降低了农产品流通投入、缩短了农产品流通时间、优化了农产品物流资源配置、提高了农产品交易的信息传递效率，其新业态、新模式能够打破传统农产品市场的供应格局，将农产品销售拓展到全国乃至全球市场，对提升农产品影响力和竞争力发挥着积极的作用。

（二）传统的农产品电子商务运营模式

1. C2B/C2F 模式

C2B/C2F 模式，即消费者定制模式，它是指农户根据会员的订单需求生产农产品，然后通过电子商务方式把自家的农产品配送给会员的模式。这种模式的运作流程分为四步：第一步，农户要形成规模化种植及饲养；第二步，农户要通过网络平台发布产品的供应信息并招募会员；第三步，会员通过网上的会员系统预订需要的产品；第四步，待产品生产出来后，农户按照会员的需求进行配送。

C2B/C2F 模式的盈利来源主要是会员费，即会员的年卡、季卡或月卡消费。该模式的优势是：提前定制化生产，经营风险小；劣势是：受制于场地和非标准化生产的影响，市场发展空间有限。

2. B2C 模式

B2C 模式，即商家到消费者的模式，它是指经纪人、批发商、零售商通过网络平台销售农产品给消费者，或专业的垂直电商直接到农户那里采购，然后卖给消费者的模式。

此类模式又可以细分为两种经营形式：一种是平台型 B2C 模式，如天猫、京东、淘宝；另一种是垂直型 B2C 模式（专注于售卖农产品的电子商务模式），如我买网、顺丰优选、本来生活等。

B2C 模式的盈利来源主要是产品销售利润、平台入驻费用、产品利润抽成等。在 B2C 模式中，商家对个人的营销省去了中间环节，双方的沟通更加便捷，从而提高了销售效率，有利于建立长期合作关系。

3. B2B 模式

B2B 模式，即商家到商家的模式，它是指商家到农户或一级批发市场集中采购农产品，然后分发配送给中小农产品经销商的模式。这类模式能够为中小农产品批发商或零售商提供便利，节省其采购和运输成本。

在 B2B 模式中，企业借助电子商务平台进行信息交流，协商制定交易方案，组织多样化交易活动，确保各方经济效益达到最大化。例如，农产品加工企业利用互联网与生产企业沟通，根据生产企业提出的具体要求调整加工计划，适当改动加工时间和仓库存量，确保加工环节紧密联系，最大限度地控制加工成本。又如，农产品加工企业与销售企业在线交流，双方全面考虑需求、销量、成本等内容，对生产计划进行动态调整，以免合作企业利益受损。换言之，B2B 模式能够增进企业间的联系，并提高资源配置效率，还能降低企业风险，扩大企业经济利润空间。

B2B 模式的盈利来源主要是产品采购批发差价、服务费用。该模式的优势是：能降低采购和库存成本，节省周转时间；劣势是：对平台的流量、供应链、信息服务要求较高，较易出现信用问题。

4. F2C 模式

F2C 模式，也称农场直供模式，即农户通过网络平台直接将农产品卖给消费者的模式。它通过减少中间环节来降低成本、提高效率，并在一定程度上保证了农产品新鲜度和可追溯性。这种模式能够让消费者直接了解农产品的生产和加工过程，从而增强消费者的信任感。此外，这种模式还有助于减少资源浪费和环境污染，推动农业可持续发展。随着技术的进步和消费者对高品质农产品需求的增加，F2C 模式具有广阔的发展空间和前景。

F2C 模式的盈利来源主要是产品售卖利润。该模式的优势是：能够为消费者提供更新鲜、安全的农产品，可以降低流通成本，提高农场利润；劣势是：受场地有限和非标准化生产的影响，运营需要更高的时效性。

5. O2O 模式

O2O 模式，也就是线上线下相融合的模式，即消费者线上买单、线下自提的模式。O2O 模式功能较丰富，该模式支持线下体验和线下服务，得到了农户的一致认可。再加上当前社会节奏不断加快，农产品电子商务企业借助网络平台向消费者推送、更新农产品信息，可以吸引消费者注意力，并调动消费者的购买欲望。订单成交后，企业可根据消费者需求支持线下提取和送货上门，以此丰富消费者网购体验。

O2O 模式的盈利来源主要是产品售卖利润。该模式的优势是：价格更有竞争力，方便追踪用户，了解用户喜好；劣势是：难以保证交易量。

上述五种不同的模式适合不同的农产品电子商务，它们各有优劣势，并无绝对的优劣之分。驱动农产品电子商务发展的动力主要有五种——供应链、营销、产品、渠道、服务，每一种驱动力都可以构成一个农产品电子商务运营模式的核心竞争力，不同的农产品电子商务运营模式可以选取不同的驱动力作为其发展的核心要素。但农产品电子商务是一条长长的产业链——原端产品（品控）→标准化商品（包装）→运输配送（供应链）→服务，其中任何一个环节缺失，都无法发展好农产品电子商务，因而厘清农产品电子商务运营模式只是开端，核心是要在农产品电子商务的关键环节上做好布局。

集思广益

通过网络搜索和课程学习，总结目前农产品电子商务运营模式都有哪些。

二、新型农产品电子商务运营模式

随着互联网技术的发展，传统的农产品流通渠道正在发生变革。农产品电子商务模式通过网络平台，使买卖双方能够在一个开放的网络环境下进行交易，这大大提高了交易的效率，扩大了交易的范围。但是，与此同时，农产品电子商务市场竞争日趋激烈，在互联网环境下，通过创新的方式对农产品商贸活动进行优化和重构就显得非常重要。

（一）常见的七种新型农产品电子商务运营模式

以农产品为主，叠加各种业态，便形成了常见的七种新型农产品电子商务运营模式。

1. 农产品＋农村电子商务平台

"农产品＋农村电子商务平台"模式是利用农村电子商务平台，如天猫、拼多多、抖音等对农产品进行展示及推广，让更多人了解、知晓，方便消费者在线下单及购买。

2. 农产品＋微商

"农产品＋微商"模式是农产品微商通过微信朋友圈等自媒体平台发布农产品种植、生长、采摘、交易等信息，利用社交关系促成农产品销售。在微信朋友圈或社群中发布农产品的生长情况等信息，可以让消费者眼见为实，第一时间了解农产品的情况，提高农产品的可信度。在这种模式下，可以组建微商社群，将爱好相同、兴趣一致的消费者聚集在一起，根据其需求，将其培养成为某类产品的忠实粉丝。

3. 农产品＋可视农业

"农产品＋可视农业"模式的关键在于"可视农业"，"可视农业"主要是指依靠互联网、物联网、云计算、雷达技术及现代视频技术将农作物种植或牲畜养殖的模式、手段和方法呈现在公众面前，让消费者放心购买优质产品。

4. 农产品＋认养农业

"农产品＋认养农业"模式是让消费者通过电子商务渠道预付生产费用，生产者为消费者提供绿色、有机农产品。"认养农业"通过互联网等媒介在生产者和消费者之间建立了一种风险共担、收益共享的生产方式，实现了农村对城市、土地对餐桌的直接对接。"认养农业"是现代农业发展过程中为更好地满足消费者需求，对消费市场进行探索而形成的模式。

5. 农产品＋定制农业

“农产品＋定制农业”模式是通过电子商务手段，有针对性地满足不同消费者的个性化需求，如无公害、绿色、有机农产品或针对特殊人群（如糖尿病患者、健身人士）的营养搭配农产品。“定制农业”可以根据消费者的需求，有针对性地进行选种，满足消费者对农产品的特定需求，例如种植业中的虾稻米、富硒米，养殖业中的土猪、土鸡等。消费者可以提前在网上下单定制（需缴纳一定的订金），然后农户通过 5G 等技术，不断向消费者反馈其定制的农产品的生产过程，让消费者通过互联网远程了解自己定制的农产品的生长状态，实现放心消费。

6. 农产品＋直播带货

“农产品＋直播带货”模式是目前比较流行的一种新业态，利用网络直播、短视频等形式促进农产品销售已经成为新潮流、新亮点。这种模式是对农产品营销的创新，补上了传统农产品营销的“短板”，政府领导、企业家等纷纷加入带货的队伍中来，让直播成为“新农活”，也让农产品的销售找到了新的出路。

7. 农产品＋特色农家乐

“农家乐”是一种新兴的旅游休闲形式，它是一种回归自然，从而放松身心、愉悦精神的休闲旅游方式。“农家乐”业主主要利用当地的农产品来满足客人的需要，成本较低。而且“农家乐”周围一般都是美丽的自然或田园风光，空气清新，环境优美，可以舒缓现代人的精神压力，因此受到很多城市人的喜爱。“农家乐”业主可以结合餐饮、旅游体验，通过电子商务渠道，把农产品体验、农产品消费、农产品互动嫁接在“农家乐”消费过程中，从而破解农产品销售与推广的困局。

集思广益

根据常见的七种新型农产品电子商务运营模式，总结一些农产品电子商务运营的规律和方法。

（二）特色化的农产品电子商务运营模式

特色化的农产品电子商务运营模式主要有以下几种。

1. 地域文化 IP 化运营模式

结合地方特色文化和故事，将农产品打造成具有地域特色的文化符号，如“某某地方土特产”“非遗传承食品”等，通过电子商务平台讲述产品背后的故事，增加产品的文化内涵和附加价值。

小贴士

IP：Intellectual Property，即知识产权，电子商务 IP 就是指在电子商务活动中创造、拥有的商标、专利、版权、商业秘密等知识产权，它们是企业的无形资产，能为企业带来品牌优势、竞争优势并保障其合法权益不受侵犯。

2. 线上线下融合体验模式

线上销售的同时，构建线下体验中心、农产品展示馆、农旅结合的观光采摘园等，让消费者既能在线上便捷地购买，又能在线下实地体验和感受农产品的独特魅力。

3. 区块链溯源模式

将区块链技术应用于农产品供应链管理，实现从农田到餐桌全程可追溯，消费者可以通过扫描二维码获取农产品的详细生产信息，凸显农产品的安全、健康和高品质。

这些特色化的农产品电子商务运营模式不仅能有效提升农产品的品牌影响力和市场竞争力，还能更好地满足消费者对品质、安全、个性化的需求，进一步推动我国现代农业的发展和乡村振兴战略的实施。

运营故事

全域兴趣电商重塑农产品价值链

短视频、直播、网上商城等全域兴趣电商模式给农产品流通方式带来了新变化，线上线下市场深度融合的时代已经到来。在农业农村部农村经济研究中心与抖音电商联合举办的丰收节论坛上，农业农村部农村经济研究中心主任表示，全域兴趣电商采取乡村风光、乡村传统技艺等带动产销对接的模式，能充分体现乡村特色产业的特点和优势，不仅满足了用户潜在的购物需求，也满足了人们对美好生活的向往，重构了乡村特色产业的价值发现、价值实现、价值增值和价值共创机制，推动了乡村特色产品的价值链重塑。

产业振兴是乡村振兴的重中之重。全域兴趣电商为乡村产业振兴带来了新活力，并与乡村特色农产品产业形成合力，共同推动特色、优质、高效农业发展。全域兴趣电商日益成为农村电商发展的新势力，对推动乡村特色产业发展发挥着重要作用。

四川姑娘冉可七大学毕业后返乡，拍短视频卖货，一个月卖出 20 万单川渝水果，把家乡九襄镇丰收的喜悦传递给广大网友。作为一名菌菇种植者，福建古田县的郑仁江通过短视频、直播，在抖音电商平台上打造银耳供应链，让古田县合作社村民的日子越过越红火，带动上千人就业。

这些案例证明，一些生产要素在数字化加持、全域兴趣电商推动下实现了重组。近年来，人才下乡、能人返乡带动资源要素向乡村集聚，为乡村产业振兴注入了新活力。

资料来源：黄鑫．全域兴趣电商重塑农产品价值链．（2023-09-25）[2024-11-08]. http://money.fjsen.com/2023-09/25/content_31415917.htm.

【分析提示】

在全域兴趣电商模式下，手机成为新农具、农民成为新主播，小农户可以与消费者直接对接，不仅提高了农产品销售的效率，还拓展了农产品销售的空间。此外，农户通过与消费者互动还能更好地了解其需求，按照消费者需求优化产品结构、提升产品质量和打造优质品牌。由此，在实现分散小农户与社会化大市场有效连接的同时，找到了促农增收的新路子。全域兴趣电商为小农户进入现代产业体系创造了新路径，构建了乡村产业链新的联结机制；同时，通过用户需求驱动，推动了产业供应端的变革和创新，实现了产业价值共创。

任务二 选择农产品电子商务运营平台

一、农产品电子商务运营平台的运作基础

农产品具有地域性、季节性、存储短时性、易坏性等特点，农产品营销效果对农户经济效益、农业发展具有关键性影响。在网络信息时代背景下，要想加快农业现代化步伐，对营销模式进行创新势在必行。尤其是生鲜农产品，这类农产品对新鲜度、物流时间的要求较高，因此，应与时俱进地创新营销方式，从而提高农产品竞争力，扩大农产品市场份额。随着数字经济时代的来临，新时期电子商务运营需要有新方法，农产品营销活动需要灵活运用电子商务运营模式，选择好平台，搭建好营销渠道，建立起独特的营销策略。

（一）农产品电子商务运营平台的基础条件

1. 构建电子商务通路

不同区域的农产品分散营销，难以实现规模化营销的目标，借助互联网建立营销网站，可以实现分散农产品资源的统一，也能为不同类型的消费者提供网购便利。同时，在线客服能够及时、耐心地解答消费者的问题，为消费者提供优质服务，这能大大提高网上成交率。电子商务企业主动与学校、超市建立长期合作关系，可以实现农产品定点、定期销售。电子商务企业通过建立电子商务平台、推广 App、直营店等方式在线销售农产品，可以省去中间环节，降低营销成本，扩大农产品经济利润空间。电子商务平台能够根据具体需要推行 B2C、B2B、C2C、O2O 等电子商务模式。此外，还可以通过农产品微店营销、移动客户端营销、农资电子商务平台联合等方式大规模销售农产品。

2. 农产品电子商务规范运营

借助有实力的平台和中间商，通过其先进的技术、雄厚的资金力量，可以架起农户和消费者之间沟通的桥梁，形成生产消费的快速通道。农产品电子商务规范化发展，意味着消费者能够买到质优、价低的农产品，确保消费者的购买需求能够及时得到满足。

3. 农产品质量标准体系完善

农产品质量标准体系是保证农产品质量、建立电子商务企业品牌的基本要求。一方面，政府部门以国际化标准体系为标杆，通过推行优惠政策、颁布相关规定的方式，对农产品质量标准进行统一规定，加大对农产品质量的控制力度，使消费者能够放心购买农产品。另一方面，借助网络信息技术建立档案系统和数据库，推动农产品规范化、规模化生产，并应用区块链、二维码、物联网等技术，通过在农产品包装袋上张贴二维码的方式来展示产品信息，实现农产品可追溯，保证农产品质量。

4. 农产品物流体系优化

农产品物流体系对农产品电子商务运营模式的推行有重要影响。我国政府通过划拨资金、政策支持等方式帮助农村建设物流基础设施；同时，支持网络大范围覆盖、冷链物流体系发展，以便为农产品统一调度、配送提供便利。这不仅能缩短农产品运输时间，而且能大大提高配送效率。随着新农村建设理念的不断渗透，农产品电子商务物流体系也在与时俱进地进行调整，这对农产品竞争力的增强、农业的持续发展有很大的促进作用。

5. 消费者购物体验丰富

如今，消费者高度重视购物体验，让消费者获得良好的购物体验，有利于保持农产品电子商务的销售能力，这对农产品电子商务运营模式的长期推行有积极影响。基于此，电子商务企业应不断丰富服务功能，全面考虑消费者购买需求，通过提供农园采摘、现场品尝等服务来获得消费者信任，提高消费者满意度，从而增强其购买黏性。此外，电子商务企业要实施精准化营销策略，最大限度地激发消费者购买潜力，充分发挥农产品电子商务模式的优势。

集思广益

从农产品电子商务运营平台的基础条件来看，你认为农产品电子商务运营是否需要这些条件逐一落实？请根据其重要性做出排序并说说理由。

（二）农产品电子商务运营平台的基础逻辑和常用的思考路径

1. 农产品电子商务运营平台的基础逻辑

（1）选择渠道。

开展电子商务前要了解、熟悉各大电子商务平台和各种微商，这样可以帮助运营者选择合适的渠道开始创业。当然，选择什么渠道开展农产品电子商务，关键还是要看农产品，对于数量较大、标准化、大众化的农产品，选择电子商务平台是最适合的，对数量少、质量要求高的一些农产品，可以选择微商等渠道。

（2）了解产品。

运营者需要提前了解、熟悉所经营的农产品，包括产品的优点、特性、上市时间、储存方式、保质期等各个方面，这些一定要落实清楚。只有对产品了然于心，才能在电子商务运营过程中知道怎么去宣传产品、怎么去包装产品，也才能更好地和消费者沟通，随时解答消费者提出的问题。

（3）组织货源。

网上销售农产品时，只要消费者下了单，产品就必须及时送达。稳定的货源可以保证运营者根据消费者要求的时间及时供货，从而提高商家的信誉度。另外，货源要提前找好，以节省经营的时间，特别是电子商务运作初期，既要和消费者沟通又要发货，时间是很宝贵的。

（4）保证质量。

保证产品的质量才能保证商家的信誉度，要让消费者拿到产品的时候有一种物有所值的感觉，这样运营者才能积攒下稳定的客户源。所以，在组织货源时，一定要严把农产品的质量关。

（5）设计包装。

精美的包装可以增强消费者对产品的好感，给消费者一种惊喜和期待感。当然包装一定要和产品相匹配，既要外观漂亮，又要结实耐用，农产品往往还要求包装既要防挤压，又要透气。

（6）做好物流运输。

一定要做好物流运输，只有把货物及时、完好地送到消费者手中，运营者才算真正完成了电子商务营销。

2. 农产品电子商务运营平台常用的思考路径

农产品电子商务运营是发展农产品电子商务至关重要的一环，也是农产品电子商务运营者的一项艰巨的任务。

首先，了解用户需求和给用户提供什么。农产品电子商务运营者需要切实了解用户需要什么，为他们提供相应的农产品，满足用户的消费需求，同时要让用户清晰地知道平台主要提供的产品是什么，不要让用户对平台产品产生疑惑。

其次，分析用户，对用户进行画像。农产品电子商务运营者要深入分析用户行为，对用户行为进行画像，了解消费者的消费个性，反映普遍的市场规律。在对用户有一定了解后，平台的运营会更加顺利。

最后，大数据分析。农产品电子商务运营可以通过大数据分析，对各地电子商务数据进行分区域统计，精准预测消费者未来的消费趋势，帮助消费者筛选适合自己口味的农产品。因此，运营者需要熟练运用大数据统计工具，并且对用户搜索词、用户群体、转化率等有一定的了解，这样对运营来说更加有利。

集思广益

总结农产品电子商务运营平台的基础逻辑和常用的思考路径，并提出自己个性化的思考路径。

二、农产品电子商务运营平台和运营路径的探索

（一）农产品电子商务运营的主要平台

如何在众多的电子商务运营平台中，选择合适的平台，是农产品电子商务从业者首先要考虑的问题。目前，农产品电子商务运营平台主要有以下几个。

1. 天猫

天猫（Tmall）原名淘宝商城，是一个综合性购物网站。2012 年 1 月 11 日，淘宝商城正式宣布更名为“天猫”。天猫是阿里巴巴集团打造的 B2C 平台，它整合众多品牌商、生产商，为商家和消费者提供一站式解决方案。天猫提供的功能和服务主要包括：

（1）品牌旗舰店：天猫以品牌旗舰店为主，适合有一定品牌基础和规模化生产的农产品商家入驻。

（2）品质保障：天猫注重商品质量，对于想要打造品牌信誉的农产品商家来说，是一个不错的选择。

（3）营销活动：天猫会定期举办各种促销活动，如“双 11”“618”等，能够有效提升农产品的销量。

2. 淘宝

淘宝由阿里巴巴集团在 2003 年 5 月创立，是深受消费者欢迎的一个网络零售平台。个人入驻淘宝也很简单，可免费开店，但农产品销售需要办理食品经营许可证。

2014 年 10 月，阿里巴巴集团宣布启动“千县万村”计划，以推动农村电子商务的发展。阿里巴巴集团农村电子商务的工作重心包括：在县、村建立运营体系，加强物流基础设施建设；培养买家、卖家和服务商，培养农村电子商务人才；创新农村代购服务、农村金融和农资电子商务 O2O 等；帮助农民增加收入、促进就业，实现新型城镇化。

淘宝提供的功能和服务主要包括：

（1）个人店铺与企业店铺：淘宝平台适合个人和小企业开设店铺，门槛相对较低。

（2）售后服务保障：淘宝重视消费者的购物体验，提供了一系列完善的售后服务，包括退换货、维修、质量保障等。

（3）灵活的经营方式：淘宝店铺经营方式灵活，可以通过直播、短视频等形式提升用户的购买体验和互动性。

3. 拼多多

拼多多是一家专注于拼团的第三方社交电子商务平台，成立于 2015 年 4 月。在拼多多上，用户通过发起和朋友、家人、邻居等的拼团，可以以更低的价格买到优质的商品，

体会到更多的实惠和乐趣。通过沟通分享形成的社交理念，形成了拼多多独特的新型社交电子商务思维。拼多多用户农产品需求量较大，因此可将拼多多作为农产品销售首选平台。拼多多入驻门槛也很低，开店免费，农产品销售也需要办理相关的许可证。拼多多提供的功能和服务主要包括：

(1) 商品与服务：用户可以通过拼多多购买各类商品，享受多样化的电商体验。

(2) 批发平台：拼多多旗下有官方采购批发平台，为企业和个人提供直达底价的商品，满足不同的采购需求。

(3) 商家版 App：为了提高商家的经营效率，拼多多推出了商家版 App，通过这个应用程序，商家可以方便地管理经营数据、处理订单和提高客服聊天效率等。

(4) 社交购物：拼多多的核心特色之一是社交购物，鼓励用户邀请朋友、家人和邻居一起拼团购买商品，以获得更低的价格。

(5) C2M 模式：拼多多专注于消费者到制造商（C2M）的拼团购物模式，帮助厂家直接对接消费者，减少中间环节，降低成本。

拼多多以其独特的社交购物和拼团机制在电子商务领域占据了一席之地，不仅为消费者提供了优惠、便捷的购物方式，也为商家创造了新的销售模式。

4. 京东

京东是一家综合网络零售商，是中国电子商务领域备受消费者欢迎和具有较大影响力的电子商务网站之一，在线销售家电、数码通信、电脑、家居百货、服装服饰、母婴、图书、食品、在线旅游等数万个品牌的百万种优质商品。京东凭借全供应链不断扩大在中国电子商务市场上的优势。京东物流比较完善，商品品质受到消费者的认可，但入驻门槛较高，需要公司注册资金至少 100 万元，提供有效的注册商标证书与质量检验报告，并需要缴纳年费和押金。对一般的农民来说这个门槛还是有点高的，有个人品牌的大型种植农户可以考虑。

2014 年 11 月，京东集团全国首家大家电“京东帮服务店”在河北省赵县正式开业，意味着京东大家电的“最后一公里”触角正式伸到了农村市场。随着“京东帮服务店”在全国区县铺开，京东希望通过“京东帮”，打通农村电子商务的“最后一公里”，让农民与电子商务联系更加紧密，进而解决农村电子商务五大难题：价格高、品类少、不送货、安装慢、退换难。

京东的农产品电子商务战略包括以下几个方面：

(1) 建立全渠道流通体系：通过京东主站、京喜、7FRESH（七鲜超市）等平台构建线上线下全覆盖的流通体系，促进了农产品从田间地头到消费者餐桌的直接供应。

(2) 高效对接供需：利用大数据等技术，对农民的农产品种植、养殖与城市消费者的需求进行有效匹配，提升农产品的销售效率和消费者的满意度。

(3) 冷链物流标准化：针对农产品电子商务的特殊性，如对物流要求更高等特点，京东致力于建立冷链物流标准，确保农产品质量和运输效率。

(4) 支持农业全产业链：以西藏电子商务进农村项目为例，京东为当地提供了包括运营体系、双向流通体系、产业集聚服务体系及培训体系在内的全方位支持，推动了当地农业产业链的标准化、品牌化、数字化和智能化。

（5）技术创新驱动：京东不断探索新技术如 AI 技术在农业领域的运用，以提高农业生产的效率和质量，促进农业现代化。

通过这些举措，京东不仅促进了农产品的品牌化和市场拓展，还为提升农业产业链的效率和农民的收入水平发挥了积极作用。

5. 抖音

抖音于 2016 年 9 月上线，是由今日头条孵化的一款音乐创意短视频社交软件。该软件支持用户选择歌曲，拍摄音乐短视频，形成自己的作品，并且会根据用户的喜好，来推送用户喜爱的视频。

通过抖音进行农产品营销已经取得了丰富的经验和成果，现今已有很多果园主、蔬菜大棚种植农户等参与到抖音推广农产品的新玩法中，各种农产品主播依靠流量红利，已经抢占了一部分市场。但随着越来越多的同行加入，竞争也日益激烈。

抖音在农产品电子商务方面采取了多项措施，通过其平台积极推动农产品销售和品牌建设。抖音在农产品电子商务领域的主要做法如下：

（1）全域兴趣电商：抖音利用全域兴趣电商模式来支持农产品销售，这种模式结合了短视频、直播等内容形式，通过激发用户的兴趣来促进农产品的销售。

（2）品牌塑造与升级：抖音电商助力农户通过品牌化改变低价竞争的现状，实现农产品销售的优质优价。

（3）扶持特定产品发展：字节跳动公益和抖音电商还共同推出了“山货上头条”项目，该项目深入覆盖多个省份和县市，以专项扶助、培训指导等方式帮助农产品商家及新农人优质经营，扶持了多种地标农产品产业化发展。

抖音不仅为农产品提供了一个创新的销售渠道，还通过培训、品牌塑造等手段提高了农产品的市场竞争力，同时也促进了农村经济的发展和农民收入的增加。

6. 微商

微商是基于移动互联网空间，以 QQ、微信等社交软件为工具，以人为中心，以社交为纽带的一种新型商业模式。微商可以说是所有电子商务模式中门槛最低、投入最少的方式，是人人都能参与的电子商务。采用微商销售农产品不能依赖最原始的在微信朋友圈招代理、发广告的方式，要通过多平台引流。

微商作为一种新兴的电子商务模式，利用社交网络进行商品和服务的推广与销售。在农产品电子商务领域，微商可以发挥以下几个方面的作用：

（1）扩大销售范围：微商可以帮助农户突破传统的地理限制，将本地的农产品推广到更广阔的市场。

（2）提升品牌影响力：农户可以通过微商平台打造自己的品牌，提升产品的知名度和消费者的信任度。

（3）增加农民收入：微商为农户提供了一个直接面向消费者的销售渠道，减少了中间环节，增加了农民的收入。

（4）促进农村电子商务发展：微商的兴起带动了农村电子商务的整体发展，为农村经济的数字化转型提供了动力。

（5）充分利用节日经济的影响：节日的大型促销活动能够显著提升农产品的线上销售量，对农产品电子商务市场产生积极影响。

微商在农产品电子商务领域的应用不仅能促进农产品的销售和品牌建设，还能有效提升农业的整体效益，对农村经济的发展起到了积极的推动作用。

集思广益

除了上面介绍的农产品电子商务运营平台外，目前还有哪些实用的农产品电子商务运营平台和渠道？

（二）农产品电子商务运营路径探索

1. 规模化运营

如果具备一定的产业基础，有品控能力和场地资金实力，建议做供货商，为各平台提供货源，解决电子商务平台和部分电子商务人才有运营能力而前端采购和供货能力不足的问题。

2. 物流集散模式

快递物流深入产地收件，产地有数量可观的小群体做电子商务推广销售，各自对自己的产品品质负责，共同做大做强区域品牌。

3. 落地配送模式

农产品的落地配送模式是随着社区电子商务和分享模式的兴起而出现的一种电商模式，社区电子商务运营者负责产品的推广和预订以及各个点的配送提货，产地供货商只负责产地的产品分级、包装以及到配送点的运输，这样可以节约时间、保证质量。

4. 农户自销模式

农户自销模式是随着智能手机和微信等社交软件在农村的普及而兴起的一种电商模式，具体包括体验采摘、果品定制、果树认领、网络订购等形式，也是农产品电子商务发展的一个方向。

5. 直播模式

采用直播的形式销售农产品是近年来农产品电子商务中兴起的一种新趋势，它结合了直播技术和电商销售，为农产品的推广和销售提供了新的动力。这种模式具有以下特点：

（1）实时互动：直播模式允许消费者和主播进行实时互动，这种即时沟通能够增强消费者的购买信心。

（2）生动展示：主播可以通过直播向消费者展示农产品的种植、养殖和加工过程，这种高透明度的方式能够增强消费者对产品质量的信任。

(3) 情感联结：通过直播，主播可以分享农产品背后的故事，如农民的辛勤劳动、产品的独特之处等，这样的故事能够引起消费者的共鸣，与消费者建立情感联结。

(4) 降低成本：直播模式减少了中间环节，使农产品能够以更优惠的价格直接销售给消费者，降低了营销成本。

(5) 扩大影响：通过直播，农产品的销售可以不受地域限制，触达全国乃至全球的消费者，极大地扩大了市场范围。

(6) 便捷性：消费者可以在任何有网络的地方观看直播，并通过简单的操作完成购买，这种便捷性大大提高了购买率。

可以说，直播模式为农产品销售提供了一种新的方式，它通过直播技术的应用，结合电子商务平台，实现了与消费者的即时互动以及农产品的在线展示和销售，进一步扩大了农产品的市场空间。

6. 跨界合作与融合

跨界合作与融合是指农产品电子商务与其他行业或领域的资源、技术、市场进行深度整合与协作，打破传统农业和电商的边界，创造出新的商业模式和价值链，以提高农产品的附加值，拓宽销售渠道，增强市场竞争力，并推动农业及相关产业的创新发展。跨界合作与融合的形式具体如下：

(1) 电子商务与文旅融合。将农产品电子商务与文化旅游产业相结合，利用线上平台推广当地的特色农产品与乡村旅游资源，通过线上预订、线下体验的方式，让农产品成为农旅项目的载体和体验内容，如农产品采摘游、农业观光园等。

(2) 电子商务与深加工产业融合。农产品电子商务企业携手食品加工企业，在通过电子商务平台将初级农产品推向市场的同时，使深加工产品也在线上得到展示和销售，从而延长农产品产业链，提高产品附加值。

(3) 电子商务与冷链物流技术融合。采用先进的物流技术和冷链物流设施，确保农产品在电子商务交易过程中的品质，从而提升顾客满意度，拓展远程市场。

(4) 电子商务与数字技术融合。利用大数据、云计算、物联网、人工智能等先进技术，实现农产品生产、加工、仓储、运输、销售等全链条的数字化管理，精准匹配供需，优化资源配置。

(5) 电子商务与新零售模式融合。通过线上线下融合的新零售模式，比如线下体验店、无人售货机、社区团购等方式，让消费者既可以线上选购，又能在实体店体验，从而提升消费者的购买体验和品牌认知度。

(6) 电子商务与金融服务融合。结合金融工具和保险服务，为农产品电子商务提供融资担保、贷款支持、农业保险等服务，减轻农民和农产品电子商务企业的经营压力，降低经营风险。

(7) 电子商务与品牌策划和营销融合。通过与设计、广告、公关等行业合作，打造独具特色的农产品品牌故事和视觉形象，提高农产品的文化附加值和市场接受度。

总之，农产品电子商务的跨界合作与融合旨在通过多元、立体的合作形式，挖掘农产品的内在价值，拓宽发展空间，推动农业产业的现代化进程，实现乡村振兴和可持续发展。

集思广益

农产品电子商务运营还有哪些可探索的路径？

运营故事

电商平台运营助农富农效果显著

抖音电商2024丰收嘉年华活动在四川省攀枝花市盐边县举行。活动现场，抖音平台发布了最新的年度助农数据报告。报告显示，2023年9月至2024年9月，抖音电商累计销售出了农特产品71亿单，同比增长了61%，平均每天有1 740万单农特产品销往全国各地。这些实实在在的数字表明，电商平台在助农富农方面切实起到了效果，帮助广大农民实现了线下丰收、线上增收。

攀枝花市盐边县红格镇位于大山之中，物产丰富，凯特杧就是这里的一个特产，其上市时间比国内其主产区的杧果晚2到5个月，具有质地细、味道甜、香味浓等特点，营养十分丰富。然而，由于交通不便，凯特杧过去很少被外界知晓。近些年，得益于直播电商的发展，攀枝花凯特杧开始被消费者所熟知。

王彪是盐边本地的一位抖音电商创作者，在网络上，他被粉丝称呼为“王橘长”。2017年起，他开始在抖音用短视频的方式来推介家乡和家乡的各种农产品，收获广泛关注。截至2024年9月，他的乡村系列视频已收获30多亿的全网播放量和5 000多万次点赞。

近年来，盐边县对发展电商进行了持续投入，解决了乡村电商发展中的物流难题，降低了物流成本，提高了配送效率。

据了解，目前盐边县共有电商经营主体250户，全年销售额超7亿元，带动杧果、桑葚等部分农特产品均价较同期上涨近3倍、销量增长近1倍。

资料来源：李志勇．线下丰收 线上增收——电商平台助农富农效果显著．（2024-09-20）[2024-11-08]. http://www.jjckb.cn/20240920/ceaa044b3c9b4757aae1523e6bd9cf7a/c.html.

【分析提示】

盐边县通过抖音平台销售杧果、桑葚等农产品，为当地农业产业插上了“电商”的翅膀，不但促进了农产品的销售，还有效拓宽了农民的增收渠道，为农村产业高质量发展和农民增收致富贡献了力量。

项目总结

本项目我们讨论了农产品电子商务运营的模式和平台。农产品电子商务的发展需要在运营过程中借鉴已有的经验，创造新的发展模式。只有坚持创新发展，才能不断拓展农产品电子商务的发展空间。农产品电子商务平台是连接农产品电子商务产、供、销的重要桥梁，为农产品电子商务提供了运营的基础。选择合适的运营模式和平台，是农产品电子商务获得高质量发展的前提。

项目检测

一、单项选择题

1. 在农产品直播中，消费者和主播之间可以进行什么活动？（　　）

A. 实时互动　　B. 离线交流

C. 电话会议　　D. 文本聊天

2. 在农产品电子商务中，哪种模式通过线上下单、线下配送的方式，将新鲜的农产品直接送到消费者手中？（　　）

A. B2B 模式　　B. 直播电商模式

C. 社区团购和订阅服务模式　　D. 政府商务信息模式

3. 以下哪个是企业间进行农产品交易的电子商务平台？（　　）

A. 综合性电商平台　　B. 地方性商城

C. B2B 交易平台　　D. 自建电商网站

4. 在农产品直播中，主播可以通过什么方式增强消费者对产品的信任？（　　）

A. 虚构产品故事　　B. 隐藏生产过程

C. 生动展示农产品的种植和加工过程　　D. 提高产品价格

5. 农产品直播模式可以带来什么成本的降低？（　　）

A. 生产　　B. 配送

C. 营销　　D. 研发

6. 个性化定制服务模式主要是针对哪方面的需求？（　　）

A. 大规模生产的需求　　B. 标准化的需求

C. 消费者的个性化需求　　D. 企业级客户的需求

二、判断题

1. 直播模式使农产品的销售范围受到地域限制。（　　）

2. 在直播过程中主播与消费者的实时互动有助于提高购买率。（　　）

3. 在直播模式中，消费者可以通过网络观看直播并完成购买，这提高了购买的便捷性。（　　）

4. 生动展示农产品的种植和加工过程可能会降低消费者对产品质量的信任。（　　）

5. 社区团购和订阅服务模式可以减少中间环节，降低成本。（　　）

6. 所有农产品电子商务运营模式都适合小规模农户。（　　）

7. B2B 模式仅限于农产品的销售，不能用于其他行业的交易。（　　）

三、名词解释

1. 农产品电子商务运营模式
2. 农产品电子商务运营平台

四、简答题

1. 新型农产品电子商务运营模式有哪些?
2. 农产品电子商务运营常用的平台有哪些?

五、论述题

1. 浅析应当如何选择合适的农产品电子商务运营模式。
2. 阐述目前主要的农产品电子商务运营平台各自的优势。

项目延伸

选取若干农产品电子商务运营模式，进行分析总结，并填写下面的表格。

序号	农产品电子商务运营模式名称	运营主体	基本方式、方法	盈利创收点

项目五 农产品电子商务商品处理

素养目标

1. 培养团队精神，能够通过团队合作完成农产品电子商务商品处理；
2. 在农产品电子商务商品处理的学习中树立“三农”情怀。

知识目标

1. 了解农产品电子商务商品拍摄及图片处理的方法与技巧；
2. 熟悉农产品电子商务商品价格制定的方法；
3. 掌握农产品电子商务商品上架处理的操作要点。

能力目标

1. 能够为农产品电子商务商品制定合理的价格；
2. 能够进行农产品电子商务商品的上架处理。

背景知识

农产品电子商务商品处理涵盖多个关键环节，包括精心拍摄并处理商品图片，确保图片质量和视觉效果；考虑市场需求、成本和竞争情况，制定合理的商品价格；遵循平台规则，进行商品上架处理，确保信息准确完整。处理好这些环节，可以提升农产品在电子商务平台上的展示效果和销售竞争力，推动农产品电子商务的繁荣发展。

项目探索

任务一 了解农产品电子商务商品拍摄及图片处理

在电子商务中，图片是吸引消费者注意力的第一要素。高质量的图片能够有效地展示产品特点，激发消费者的购买欲望。因此，在农产品电子商务运营中，商品拍摄及图片处理技术就显得非常关键。

一、农产品电子商务商品拍摄

（一）农产品电子商务商品拍摄的注意事项

商品拍摄是农产品电子商务运营中十分关键的步骤。消费者在网上购物时无法亲自触摸或尝试产品，因此商品图片是他们做出购买决定的主要依据。高质量的图片能够吸引消费者的注意力，并给他们留下深刻的第一印象。专业的商品拍摄可以形象地展示农产品的新鲜度、色泽、大小和形状等特征，帮助消费者更好地了解农产品。同时，高清晰度和高真实性的图片能够增强消费者对产品质量的信任，尤其是对于高端农产品来说，这种信任感尤为重要。吸引人的商品图片能够提高点击率和转化率，从而直接增加销售额。如果商品图片能够准确地传达商品信息，消费者在收到商品时满意度就会更高，从而降低退货率。

为了更好地实现农产品商品拍摄的目标，应该采用专业的摄影设备和技术，包括高分辨率相机、照明设备、反光板、三脚架等。同时，也可以考虑聘请专业的产品摄影师或与视觉营销专家合作，以确保商品图片的质量。

在农产品电子商务中，农产品商品拍摄的注意事项如下。

1. 选择合适的拍摄环境

为了更好地展示农产品的新鲜度和质量，要选择一个自然光线充足的环境进行拍摄。避免使用过于复杂的背景，以免分散消费者的注意力，推荐使用白色或淡色的背景纸，以突出产品的颜色和细节。合适的拍摄环境如图 5－1 所示。

图 5－1　合适的拍摄环境

2. 准备适合拍摄的农产品

拍摄前，应准备充足的样品，确保所拍摄农产品的新鲜和整洁，必要时可以进行清洗和擦拭，如图 5－2 所示。此外还要准备适当的道具，如篮子、布料等，以提升照片的视觉效果。

3. 使用专业的摄影设备

使用高质量的相机和镜头，可以确保照片的清晰度和色彩还原度，如图 5－3 所示。此外，使用三脚架可以保持相机稳定，避免拍摄过程中出现晃动。

图 5-2　选择适合拍摄的农产品

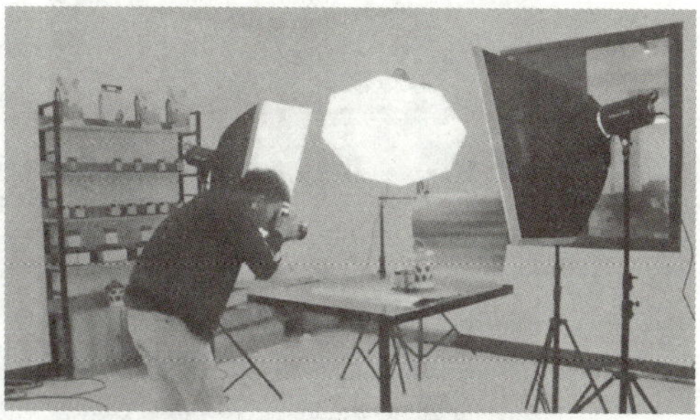

图 5-3　使用专业的摄影设备

4. 选择恰当的拍摄角度和构图方法

在拍摄过程中，应注意光线的使用，自然光是最佳选择，如果条件有限，可以使用柔光箱或其他照明设备来模拟自然光效果。可以尝试从不同角度和距离进行拍摄，以取得最佳视觉效果，准确、形象地展示农产品的形状、颜色和纹理。

合理的构图可以使图片更具吸引力，在实际拍摄中，三分法构图是较为常用的一种构图方法。三分法构图，是指将被摄主体安排在画面三分线位置来进行拍摄的方法。将画面横向或纵向平均分成三份，这种平分会使画面产生两条横向或两条纵向的等分线，这些等分线称为三分线，利用这些等分线来构建画面的方式就是三分法构图，如图 5-4 所示。三分法构图能够给画面带来和谐、优美、生动的效果。

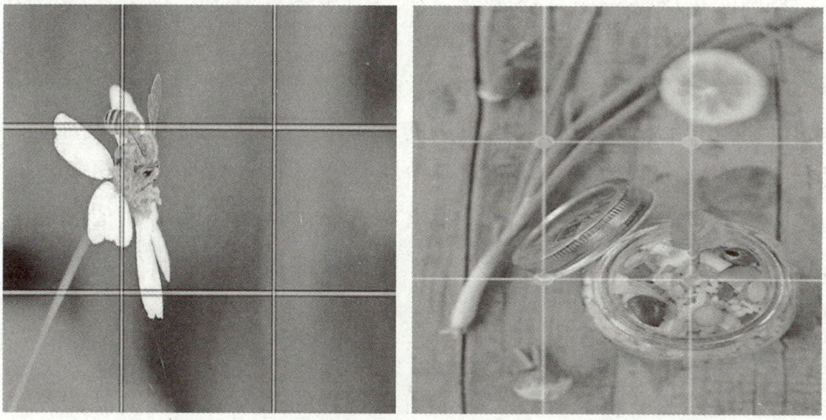

图 5-4　三分法构图

在进行单种农产品拍摄时，可利用素色背景突出产品。在多种农产品组合拍摄时，要注意摆放的形状，可摆放成三角形、弧形或方形，以增强整体感和创意感。拍摄农产品细节时，可以使用微距镜头或近距离拍摄，更精准地展示产品内部质地和新鲜度。

5. 注意拍摄细节的处理

拍摄时要注意农产品的细节，如水果上的水珠、蔬菜的纹理等。这些细节可以增强照片的真实感，使消费者更容易产生购买欲望，如图 5-5 所示。

在拍摄时要注意展示产品的多样性，可以拍摄不同种类、颜色和大小的农产品，从而帮助消费者更好地了解产品，增强购买意愿。在拍摄过程中，可以使用模特或道具来展示

图 5-5 注重细节

农产品的实际使用场景，如将水果摆放在果盘中，或将蔬菜与烹饪用具一起拍摄。这样可以让消费者更容易想象自己使用这些产品的场景，从而激发购买欲望。

（二）农产品电子商务商品拍摄的要点

1. 拍摄质地

农产品的质量是影响消费者选择的重要因素之一。通过商品图片，消费者可以清晰地看到农产品的外观并判断其质量。例如，西红柿的皮应该光滑而有光泽，表面没有任何划痕或凹陷，如果一个西红柿的外观与预期不符，则很可能被消费者视为低质量产品而拒绝购买。因此，在商品拍摄过程中，摄影师应该利用光线、角度和背景等元素来突出商品的高品质。

2. 拍摄大小和数量

农产品的价格也是影响消费者购买决策的一个重要因素。通过商品图片，消费者可以清晰地看到农产品的大小和数量，从而对其价格做出评估。例如，一包土豆，如果图片上显示的土豆较多，而且土豆的大小均匀，那么它就会被认为是物有所值的商品，消费者也就倾向于购买它。因此，在商品拍摄过程中，摄影师应该尽可能真实地展示商品的大小和数量，让消费者产生信任感。

3. 拍摄颜色和形态

农产品的营养价值也在很大程度上影响着消费者的选择。通过商品图片，消费者可以清晰地看到农产品的颜色和形态，从而判断这些产品是否新鲜并具有足够的营养价值。例如，葡萄柚的果皮应该是光滑的，果肉应该是湿润的，如果看起来干瘪或发黄，则表明它们已经不再新鲜。因此，在商品拍摄过程中，摄影师应该确保商品的颜色和形态看起来新鲜、漂亮、有吸引力，以激发消费者的购买欲望。

总之，商品拍摄在农产品营销中扮演着至关重要的角色。通过精心拍摄、设计的商品图片，消费者可以更直观地判断农产品的质量、价格和营养价值等，从而做出正确的购买决策。

（三）农产品电子商务商品拍摄的基本工具

农产品电子商务商品拍摄的基本工具包括摄影设备、三脚架、背景以及照明设备等，如图 5-6 所示。

图 5-6　农产品电子商务商品拍摄工具

1. 摄影设备

虽然用一部普通智能手机足以进行基本的拍摄，但要想更专业地展示农产品，还是建议使用具有较高分辨率和图像质量的相机。

2. 三脚架

为了保证拍摄的稳定性，尤其是在需要长时间曝光或固定的场景中，使用三脚架可以避免手抖造成的模糊。

3. 背景

简洁的素色背景能够突出农产品本身，例如使用一大张白纸作为背景，可以清晰地展现产品的颜色和形状。

4. 照明设备

适当的照明对于拍摄质量来说至关重要，可以使用自然光或者柔光箱等设备来模拟自然光效果，使产品颜色更加鲜明生动。

此外，还可以考虑使用反光板来填充阴影或平衡光线，使产品细节的展示更加清晰。如果条件允许，还可以使用专业的摄影棚来进一步提升拍摄效果。

（四）农产品电子商务商品拍摄的技巧

农产品电子商务商品拍摄的技巧主要有以下几点。

1. 构图技巧

构图应简洁，在拍摄单个农产品时，可以采用三分法或对角线构图，这样可以让画面看起来更加简洁，突出产品本身。

2. 背景技巧

在背景选择上，建议使用素色背景，如白色或淡色，可以让被摄主体更加清晰和突出，避免颜色上的冲突。也可以选择带有简单纹理的背景，减少视觉干扰，使农产品成为焦点。

3. 光线技巧

适当的光照是拍摄高质量图片的基础。使用自然光或专业摄影灯光，可以确保农产品的颜色、形态等细节得到准确展现。要避免过曝或欠曝，保证光线均匀分布。

4. 细节技巧

应注重展现农产品细节，特别是对于蔬菜和瓜果等农产品，消费者非常关心其新鲜程度和质量，因此可以适当切开产品，拍摄内部细节，以展示产品的新鲜度和品质。

5. 互动技巧

在商品拍摄中加入人与农产品的互动，如品尝、采摘等动作，既可以增强图片的生动性，也可以通过人物的表情和动作传达产品的美味与健康。

总的来说，这些基本技巧不仅适用于静态图片的拍摄，也适用于农产品的短视频制作。在制作短视频时用好这些技巧，能够更直观地展示产品的特点和使用场景，给消费者留下更深刻的印象。

集思广益

农产品电子商务商品拍摄有哪些技巧？试动手操作一下，为一种农产品拍摄照片，看看自己的作品是否能获得同学和老师的认可。

二、农产品电子商务商品图片处理

拍摄好的商品图片，需要使用图像处理软件进行后期处理，如调整亮度、对比度和饱和度等，以使图片更具吸引力，如图 5－7 所示。但要注意不要过度处理，以免破坏农产品的自然质感。在后期处理的过程中，还可以裁剪图片以去除多余的背景，确保焦点集中在产品上。如果需要，也可以添加水印或标签，以提高品牌识别度。

图 5－7　图片后期处理

在农产品电子商务中，商品拍摄与图片处理技术对于吸引消费者和提高销售额至关重要。好的农产品呈现效果，可以增强消费者的购买欲望，促进商品销售。

集思广益

为什么说在农产品电子商务中商品图片处理技术很重要？请从消费者角度探讨这个问题。

（一）农产品电子商务商品图片处理的原则

商品图片的处理主要是指对图片的加工和美化。农产品图片加工和美化是增强农产品市场吸引力的有效手段，在电子商务和网络营销中作用尤为重要。科学严谨的加工和美化方法能够在不损害信息真实性的前提下，增强农产品的视觉吸引力，帮助消费者做出购买决策。

以下是农产品电子商务商品图片加工和美化应遵循的基本原则：

（1）真实性。确保所有加工和美化操作都不会改变农产品的本质特征和外观，误导消费者。

（2）合规性。尊重知识产权，不使用未经授权的图片或素材。确保所有图片均为原创或已获得合法授权，避免侵犯他人版权。

（3）一致性。同一系列农产品的图片应在光线、角度、背景等方面保持一致，以便消费者更好地比较和选择。

（4）明示性。明确标示农产品电子商务广告内容，避免夸大其词，维护市场的公平竞争。

集思广益

农产品电子商务商品图片处理有什么重要意义？在处理商品图片的过程中有哪些需要注意的地方？

（二）农产品电子商务商品图片处理的简要流程

1. 图片导入

将拍摄好的农产品图片导入专业的图像处理软件中（见图 5－8），如 Photoshop、Lightroom 等。其中，Photoshop 是一款功能强大的图片处理软件，可以进行多种图片处理操作，如裁剪、调整颜色和亮度等。对于农产品图片，可以使用 Photoshop 进行背景去除、色彩修正、锐化等操作，从而提高图片的质量。

2. 裁剪与构图调整

根据需要对图片进行裁剪，去除多余的背景或不必要的部分，使农产品成为画面的主体。同时，也可以调整构图，确保农产品在画面中的位置和角度达到最佳效果（见图 5－9）。

3. 色彩调整

通过调整图片的亮度、对比度、饱和度和色温等参数，使图片的色彩更加鲜艳、自然

（见图 5-10）。但要注意保持农产品的真实色彩，避免过度修饰。

图 5-8　将农产品图片导入 Photoshop

图 5-9　裁剪与构图调整

图 5-10　色彩调整

4. 细节增强

使用软件中的锐化工具或滤镜，增强农产品的细节表现，使其纹理更加清晰（见图 5－11）。同时，可以适当减少噪点，提高图片的清晰度。

图 5－11　细节增强

5. 背景处理

如果原始背景不够理想，可以通过替换背景或添加渐变、滤镜等方式，使背景更加简洁、美观，突出农产品的特点（见图 5－12）。

图 5－12　背景处理

6. 文字或标签添加

可以根据需要在图片上添加产品名称、产地、规格等文字或标签，方便消费者了解产品信息（见图 5－13）。

图 5-13 文字或标签添加

小贴士

图片格式：图片格式是计算机存储图片的格式，常用的图片存储格式有 bmp，jpg，png，tif，gif，pcx，tga，exif，fpx，svg，psd，cdr，pcd，dxf，ufo，eps，ai，raw，wmf，webp，avif，apng 等。

集思广益

找一款你认为比较好用的图像处理软件，对你拍摄的农产品图片进行处理，让老师和同学评价一下你处理的效果。

运营故事

静物摄影

布光思路（以青枣为例）：

1. 单灯十长条网格柔光箱，打正右侧光，增加青枣的质感。

2. 左边用一块反光板，补充一些阴影面的光线，使得暗部有细节。

3. 可以把青枣放在画面的中间，同时制造前后景深虚化的效果，使得画面更有氛围。

4. 还可以拍摄一些微距的角度，通过不一样的细节展示，丰富整组画面的构成。

相机：××5D4。

镜头：××105mm F2.8 微距镜头。

资料来源：静物摄影.（2023-12-26）[2024-11-08]. https://mbd.baidu.com/newspage/data/dtlandingsuper? nid=dt_4157762127059937829.

【分析提示】

在拍摄水果时，要着重展现水果的颜色、水果表面的微小纹理以及果肉的丰富层次，使消费者仿佛能闻到照片中水果的清甜气息，激发其购买欲望。

任务二　制定农产品电子商务商品价格

在农产品电子商务运营过程中，价格是决定产品市场竞争力和盈利能力的关键因素之一。科学合理的价格能够有效地吸引目标消费者，同时使农业生产者的利益得到保障。农产品电子商务商品价格的制定直接关系到农业经营者的收益和消费者的利益。下面我们将探讨如何制定合理的农产品电子商务商品价格。

一、农产品电子商务商品价格制定的基本原则

（1）成本覆盖原则：成本包括生产成本、物流成本、包装成本以及线上平台的运营成本等，要确保所有农产品成本都得到合理覆盖。

（2）市场导向原则：市场导向原则是指分析目标市场的需求强度和消费者的支付意愿，根据市场需求调整价格策略。价格的制定应以市场供求关系为基础，同时了解竞争对手的定价策略，根据自身产品的优劣势进行价格定位，并考虑消费者的支付意愿。农产品的品种、质量、品牌等特性对价格也有直接影响，应予以充分考虑。

（3）公平原则：价格对所有顾客应是公平的，避免因地域、购买量等因素而出现显著的价格差异。

（4）透明原则：价格结构应该清晰透明，避免隐藏费用，从而增强消费者的信任感。

（5）动态调整原则：应根据市场变化和成本波动及时调整价格，以保持竞争力和盈利能力。同时，应关注农产品的季节性和时效性，考虑农产品的上市时间和保鲜期限，适时调整价格以体现其新鲜度和稀缺性。

（6）合规性原则：遵守相关的价格法规和政策，确保价格制定的合法性。

二、农产品电子商务商品价格制定的主要方法

农产品电子商务商品价格的制定是一个复杂的过程，涉及多种定价方法。以下是一些常用的定价方法。

（一）差异定价法

差异定价法是指根据地理位置和物流成本的不同，在不同时间或对不同区域的消费者设定不同价格的方法。在进行差异定价时，需要考虑供求关系、物流成本和市场竞争等因素，以确保在合理利润的基础上为消费者提供质优价廉的产品。

下面列举一个农产品电子商务差异定价法应用的例子：

某专注于经营有机农产品的电商平台销售各种有机蔬菜、水果和粮食。为了吸引不同类型的消费者并实现利润最大化，该平台采用了差异定价法。

首先，该平台对消费者进行了细分，识别出高端市场和中低端市场。高端市场的消费者通常对产品的品质、口感和健康效益有更高的要求，因此该平台提供了一系列优质有机农产品，并设定了相对较高的价格。这些农产品都是经过严格筛选和认证的，确保品质上乘，能够满足高端消费者的需求。而对于中低端市场的消费者，该平台则提供了一些性价比较高的有机农产品，价格相对亲民。这些农产品虽然不像高端市场的产品那么精致，但也满足了消费者对健康饮食的基本需求。

其次，该平台还根据消费者的购买行为和习惯进行差异定价。例如，对于经常在该平台购买有机农产品的消费者，平台会提供积分回馈或会员优惠，鼓励他们继续在该平台购物。而对于新顾客，平台可能会提供一些初次购买的优惠，吸引他们尝试购买平台上的有机农产品。

最后，该平台在定价时还考虑了时间因素。在农产品丰收季节，产品供应充足，平台会适当降低价格，吸引更多消费者购买。而在供应不足的季节，平台则会相应提高价格，以维持盈利。

通过运用差异定价法，该农产品电子商务平台不仅更好地满足了不同类型消费者的需求，提高了销售额和利润，也为消费者提供了更多选择和优惠，增强了用户黏性。

（二）成本加成定价法

成本加成定价法是指通过在产品的总成本（包括生产、运输、营销等成本）上加上一定比例的利润来设定价格的方法。这种定价方法基于产品的成本来确定销售价格。在农产品电子商务中，采用成本加成定价法可以帮助卖家确保覆盖所有成本并获得一定的利润。

下面列举一个农产品电子商务成本加成定价法应用的例子：

某农产品电子商务平台销售有机苹果。该平台从有机农场采购苹果，并进行包装、运输和销售。以下是其各项成本：

采购成本：每个有机苹果从农场采购的成本是 2 元。

包装成本：每个苹果需要 0.5 元的包装材料费用。

运输成本：每个苹果平均分摊的运输费用是 0.3 元。

销售和运营费用：包括平台维护、市场推广等费用，每个苹果平均分摊 0.2 元。

综合上述成本，每个有机苹果的总成本是：2 元（采购成本）＋0.5 元（包装成本）＋0.3 元（运输成本）＋0.2 元（销售和运营费用）＝3 元。

假设该平台希望在每个苹果上获得 30％的加成利润，则：

加成利润＝总成本×加成利润率＝3×30％＝0.9（元）

那么，其销售价格的计算方式为：

销售价格＝总成本＋加成利润＝3＋0.9＝3.9（元）

因此，根据成本加成定价法，该平台可以将有机苹果的销售价格定为每个 3.9 元，以确保覆盖所有成本并获得 30％的加成利润。

需要注意的是，成本加成定价法虽然简单易行，但也可能导致定价过高或过低。过高的定价可能会使消费者转向其他更便宜的选项，而过低的定价则可能无法覆盖所有成本，导致亏损。因此，在实际应用中，平台还需要考虑市场需求、竞争状况以及消费者的购买意愿等因素，综合确定合理的销售价格。

（三）竞争定价法

竞争定价法是指通过研究竞争对手的定价策略和市场定位，来决定自己的产品价格的方法，一般是与竞争对手的价格相匹配或者以略低于竞争对手的价格来吸引消费者。在农产品电子商务中，竞争定价法可以帮助卖家根据竞争对手的定价情况，灵活调整自己的价格，以吸引消费者并保持竞争力。

下面列举一个农产品电子商务竞争定价法应用的例子：

某农产品电子商务平台上有多个卖家销售相同类型的有机大米，且价格相差不大。为了在这个竞争激烈的市场中脱颖而出，卖家 A 决定采用竞争定价法来制定自己产品的价格。首先，卖家 A 进行了市场调研，了解了竞争对手的定价情况。他发现，大部分竞争对手的有机大米价格都在每斤 10 元到 15 元。基于这个信息，卖家 A 开始考虑自己的定价策略。考虑到自己的大米品质、包装和服务等方面与竞争对手相当，卖家 A 决定将自己的价格定在略低于市场平均价的水平，以吸引更多的消费者。因此，他将自家有机大米的价格定为每斤 9.9 元，这样既可以与竞争对手相比保持一定的价格优势，又不会使自己的利润过低。

通过采用竞争定价法，卖家 A 成功地在市场中获得了一定的竞争优势。他的产品吸引了更多的消费者关注，并且由于价格相对较低，也增强了消费者的购买意愿。同时，卖家 A 也确保了自己的利润空间，实现了销售增长和盈利提升。

需要注意的是，竞争定价法并不意味着一味追求低价。卖家在制定价格时，还需要综合考虑自己产品的成本、品质、品牌形象等因素，确保价格的合理性和可持续性。此外，随着市场竞争的变化，卖家还需要及时调整自己的定价方法，以适应市场的需求和变化。

（四）需求定价法

需求定价法是指根据消费者对产品的需求和购买意愿来设定价格的方法。这通常需要进行市场调研，以了解消费者对价格变动的敏感度。

下面列举一个农产品电子商务需求定价法应用的例子：

某知名有机农产品品牌在市场上占据了很大的市场份额。为了保持其市场领导地位并吸引更多消费者，该品牌采用了需求定价法来制定其产品价格。

首先，该品牌通过深入的市场调研，了解了消费者对有机农产品的品质、口感、品牌形象和服务等方面的需求。基于这些需求，该品牌瞄准高端农产品市场，并致力于提供优质的有机农产品和完善的售后服务。

其次，在定价时，该品牌考虑了消费者对于其产品的需求弹性。由于该品牌的有机农产品在品质、口感和品牌形象等方面都具有较大的竞争优势，因此消费者对其价格变化的敏感度相对较低。这意味着即使价格稍高，消费者也仍然愿意购买该品牌的有机农产品。

最后，该品牌还根据不同地区、不同消费者群体的需求差异，进行了差异定价。例如，在一些经济发达、消费水平较高的地区，该品牌会提高产品价格以匹配当地消费者的购买力；而在一些经济相对落后的地区，则会以更加亲民的价格来吸引更多消费者。

综上所述，该有机农产品品牌通过采用需求定价法，成功地实现了产品定价与市场需求的紧密结合，提高了销售额和市场份额，并巩固了其在有机农产品市场上的领导地位。

（五）价值定价法

价值定价法侧重于考虑产品为消费者提供的价值，是指通过确定产品的独特卖点（USP）和消费者感知的价值来设定价格的方法。这有助于确保价格既公平又能够反映产品的实际价值。

下面列举一个农产品电子商务价值定价法应用的例子：

某农产品电子商务平台专注于销售高品质的有机农产品，以满足消费者对健康、绿色生活的追求。该平台采用价值定价法来制定产品价格，旨在体现其产品的独特价值和品质。

首先，该平台对农产品进行了严格的筛选和质量控制，确保其产品具有高品质、无农药残留等特点。同时，平台还注重农产品的营养价值和口感，力求为消费者提供更好的产品体验。

其次，该平台不仅考虑了产品的成本，还重点考虑了产品的独特价值和市场需求。平台认为，其销售的有机农产品不仅满足了消费者的基本需求，还提供了健康、安全、环保等附加价值。因此，平台将价格定位在略高于普通农产品的水平，以体现其产品的独特性和高品质。

最后，该平台还通过营销手段加深消费者对产品的价值感知。例如，平台会进行农产品知识普及，让消费者了解有机农产品的优点和益处；同时，平台也会与知名厨师合作，推出有机农产品的烹饪食谱，进一步提升产品的附加值和吸引力。

通过采用价值定价法，该农产品电子商务平台成功地吸引了大量追求健康、高品质生活的消费者。尽管其产品价格略高于普通农产品，但消费者仍然愿意购买，因为他们认为这些产品具有更高的价值和品质，值得支付更高的价格。

这个案例表明，价值定价法可以帮助农产品电子商务平台在竞争激烈的市场中脱颖而出，吸引更多消费者，获得更高的利润和市场份额。

（六）心理定价法

心理定价法是指利用消费者的心理预期来设定价格的方法，例如使用数字“9”结尾的价格（如 19.9 元而不是 20 元）来吸引消费者，因为这给人一种价格更低的感觉，该方法也称尾数定价法、零头定价法或缺额定价法。这种定价方法会给消费者一种经过精确计算后价格已达到最低的感觉，有时也可以给消费者一种商品打了折、价格更便宜的感觉。

下面列举一个农产品电子商务心理定价法应用的例子：

某农产品电子商务平台销售特色有机蔬菜，该平台深知消费者在购买农产品时，不仅关注产品的品质和口感，其心理还会受到价格的影响。为了吸引消费者的注意力并激发他们的购买欲望，该平台决定采用“以 9 结尾”的定价方式。例如，将原本定价为每斤 10 元的有机蔬菜调整为每斤 9.9 元。虽然只是微调了价格，但这种定价方式给消费者一种“价格更便宜”的心理暗示，从而增强了消费者的购买意愿。

此外，该平台还利用限时折扣和促销活动为消费者提供价格优惠。例如，在特定时间段内购买有机蔬菜可以享受一定的折扣，或者在购买满一定金额后可以获得额外的优惠。这种定价方式不仅增强了消费者购买的紧迫感，还促使他们增加了购买量，从而提高了平台的销售额。

通过采用心理定价法，该农产品电子商务平台成功地吸引了大量消费者，并提高了他们的购买频率和购买量。同时，消费者在购买过程中感受到了价格的优惠，从而增强了对平台的信任感和忠诚度。

这个案例表明，心理定价法在农产品电子商务中具有重要作用。通过巧妙地运用价格的心理暗示作用，平台可以激发消费者的购买欲望，提高产品销量，并增强品牌影响力。然而，需要注意的是，心理定价法并非万能之策，在实际运营过程中还需要结合产品的实际品质、市场需求和竞争状况来制定合理的价格。

集思广益

在农产品电子商务平台上寻找一款畅销的农产品，分析它的定价方法。

三、农产品电子商务商品价格制定的步骤

（一）市场调研

在制定农产品电子商务商品价格前要进行全面的市场调研，包括竞争对手分析、目标

消费者群体的需求与支付能力评估，以及整个市场的价格敏感度研究等。

（二）成本分析

详细计算产品的全部成本构成，包括直接成本（如种植、收割、加工等成本）和间接成本（如仓储、包装、配送等成本），确保定价能覆盖全部成本并获得预期利润。

（三）选择定价方法

根据市场调研和成本分析结果，选择合适的定价方法，如成本加成定价法、价值定价法、竞争定价法等。

（四）选择定价策略

结合产品定位、品牌影响力、市场渗透目标等因素，确定具体的价格策略。考虑是否采用动态定价、捆绑销售、优惠促销等手段来吸引消费者并增加销量。

（五）监测反馈

持续监控市场反应和销售数据，收集消费者反馈，评估定价方法和策略的有效性。

（六）灵活调整

根据市场反馈和成本变动情况，及时调整价格，保持价格的灵活性和适应性，以快速响应市场变化。

四、农产品电子商务商品价格制定实际案例

（一）山东昌乐贝贝南瓜

昌乐县是贝贝南瓜的重要种植地和集散区。通过电商平台的推广，贝贝南瓜已成为昌乐县的主打农产品之一。昌乐县的贝贝南瓜产业主要采用了成本加成定价法，同时考虑到电商平台的营销成本和物流成本，以及市场需求和竞争状况来设定既能吸引消费者又能确保盈利的价格。

（二）玉溪鲜花电商

玉溪市利用其得天独厚的产地优势，发展鲜花电商。新农人通过电商平台将鲜花直接销售给消费者，减少了中间环节，降低了成本。他们主要采用了价值定价法，基于鲜花的品质、新鲜度和市场需求，同时考虑到电商平台提供的增值服务，如快速物流和定制服务来设定价格。

（三）亳州花茶

亳州市依托其中药材种植和加工的传统优势，发展花茶产业。在电商平台上，亳州花茶主要采用了竞争定价法，参考同类产品的价格，并结合自身的成本结构和品牌价值来设定价格。此外，通过电商平台的数据分析，亳州花茶企业可以更好地了解消费者偏好，及时对价格进行调整。

（四）环县羊肉

环县的羊肉产业通过电商平台实现了销售渠道的拓展。在定价时，环县羊肉产业主要考虑了羊肉的品质、养殖成本、物流费用以及市场竞争状况。通过电商平台的直采模式，环县羊肉能够以更合理的价格直接送达消费者，减少了中间环节，提高了产品的性价比。

（五）蒙自小黄姜

蒙自市的小黄姜产业通过电商平台扩大了销售半径，提高了销量。在定价时，蒙自小黄姜产业主要采用了需求定价法，根据市场对小黄姜的需求变化来调整价格。同时，考虑到电商平台的推广效应和品牌建设，小黄姜的定价也反映了其在消费者心中的价值。

这些案例展示了通过电商平台销售的农产品是如何结合自身产品特性、成本结构、市场需求和电商平台的特点来制定价格的。通过科学合理的定价，农产品电子商务不仅能够提升自身的盈利能力，还能够更好地满足消费者的需求，推动农业产业的发展。

集思广益

结合实际案例，思考一下如何根据实际情况制定农产品电子商务商品的价格。

运营故事

定价：把价格定到消费者心里去

商品价格不仅仅取决于商品的生产、销售成本等因素，随着市场竞争日益激烈，市场营销还必须以消费者的需求为中心，因此基于消费者心理的定价策略尤为重要，它已成为影响消费者对商品的评价、决定消费行为的主要因素之一。而尾数定价，便是心理定价策略的一种重要形式。

所谓尾数定价，是指当商品的价格处于整数与零头的分界线时，定价不取整数而取零头的定价法。利用消费者在数字认知上的某种心理制定尾数价格，可以使消费者产生商品价格低廉、商家定价认真以及售价接近成本等信任感。

20 世纪以来企业营销的相关实践及一些经济学家的研究表明：尾数定价对消费者消费心理和行为有较大影响。尾数定价之所以能促进消费，从心理学角度分析主要有以下几个原因：

一是让消费者感到价格精确。大多数消费者都认为整数价格是一个概略的价格，而带有尾数的价格会使消费者认为商家定价是非常认真、精确的，给消费者一种经过精确计算后价格达到最低的感觉。

二是给消费者以低价暗示。消费者一般都是从左到右看价格，先看的总是几千几百，而不是从右向左看价格，先看几分几角。在这种情况下，消费者有可能忽略尾数，在心里对整数进行对比。例如，9.9 元与 10 元只相差 0.1 元，但很多消费者心里是用 9 与 10 做比较，而不是用 9.9 与 10 做比较。还有一项调查表明，有些消费者在潜意识里认为少 1 分钱真的划算很多。

三是高低差价效应更容易让人接受。标价 19.9 元的商品和 20.9 元的商品，虽然仅差 1 元，但前者给消费者的感觉是“还不到 20 元”，而后者却给人一种“20 多元”的感觉，因此前者可以使消费者认为商品价格低、便宜，更易于接受。

此外，尾数定价还容易获得消费者信任，如果是吉祥数字也会产生吉利消费效应，同时给消费者留出讲价空间。尾数与整数位的合理定价，可以促进产品销售。

资料来源：张洪铭．尾数定价：把价格定到消费者心里去．（2019 - 08 - 09）［2024 - 11 - 08］. http://www.ceh.com.cn/epaper/uniflows/html/2019/08/09/07/07_43.htm.

【分析提示】

尾数定价法以一种几乎无形的心理战术，成功地吸引了消费者的注意力。农产品经营者要善于利用尾数定价法，抓住消费者心理，促进产品销售。

任务三 处理农产品电子商务商品上架

农产品电子商务商品上架是指通过电子商务平台对农产品进行在线展示和销售的过程。这一过程涉及多个环节，包括产品准备、信息整理、图片处理、描述编写、上架操作及后续优化调整等。

一、农产品电子商务商品上架的基本原则

（一）准确性原则

商品上架的首要原则是确保产品信息的准确性，产品名称、产地、规格、生产日期、保质期、价格等关键信息必须真实无误，不得夸大其词或误导消费者。

（二）完整性原则

商品上架时需要提供完整的产品信息，包括文字描述、图片展示等，使消费者能够全面了解农产品的特点、品质和使用方法。

（三）美观性原则

产品图片和文字布局应遵循美观性原则。尤其是图片，应清晰、美观，能够突出农产

品的特点和优势，增强消费者的购买欲望。

（四）合规性原则

在上架农产品时，必须遵守电商平台的规定和相关法律法规，不得发布违法、违规或侵权的信息。

（五）差异化原则

在商品上架过程中，应注重突出农产品的差异化特点，通过独特的产品定位、包装设计和营销策略，提升农产品的市场竞争力。

（六）动态化原则

农产品上架后，应持续跟踪销售数据和消费者反馈，根据市场变化和产品表现进行及时的优化和调整，以提升销售效果和用户体验。

二、农产品电子商务商品上架处理的操作要点

（一）产品准备与分类

商品上架前，需要对农产品进行仔细的筛选和分类。可以根据农产品的种类、品质、规格等因素，将它们分成不同的类别，以便消费者能够方便地查找和选择。

（二）产品信息整理

商品上架前，要整理好农产品的详细信息，包括产地、生产日期、保质期、规格、重量、价格等。这些信息对于消费者了解农产品的特性和做出购买决策至关重要。

（三）产品图片处理

高质量的产品图片是吸引消费者的关键。因此，上架前需要准备好农产品的图片，确保图片清晰、美观，能够真实反映农产品的外观和质量。同时，还需要对图片进行适当的处理，如裁剪、调色等，以增强图片的吸引力。

（四）产品描述编写

编写详细、准确的产品描述，突出农产品的特点和优势。描述中应包含农产品的口感、用途、适用人群等信息，以帮助消费者更好地了解产品。

（五）上架操作

上架操作包括填写产品信息、上传产品图片、设置价格、选择分类等。在上架过程中，需要确保信息的准确性和完整性，以避免误导消费者或引发纠纷。

（六）优化与调整

根据销售情况和消费者反馈，对上架的农产品进行优化和调整。例如，根据销售数据调整价格，根据消费者反馈改进产品描述或图片等。

需要注意的是，农产品电子商务商品上架处理不仅是一个技术性的过程，还需要考虑到市场营销、消费者心理等多个方面的因素。因此，在进行上架操作时，建议与专业的电

商团队或营销人员合作，以确保农产品能够在电商平台上获得更好的营销效果。

三、农产品电子商务商品上架处理的技巧

用好农产品电子商务商品上架处理的技巧，可以确保农产品在电商平台上得到有效展示，从而促进销售。一些关键的上架处理技巧如下。

（一）深入了解产品

要对即将上架的农产品有深入的了解，包括其优点、特性、上市时间、储存方法以及保质期等。这有助于在后续的宣传、包装和与消费者的沟通中提供准确和专业的信息。

（二）精细化的产品分类与标签

在电商平台上，正确的分类和标签能够大大提高产品的曝光率。可以根据农产品的特点和属性，选择适当的分类，并添加具有吸引力的标签，如“有机”“新鲜”“特色”等，以吸引目标消费者。

（三）优化产品描述与标题

产品描述和标题是消费者了解产品的重要途径。描述应详细、准确且吸引人，突出农产品的独特性和优势。标题应简洁明了，包含关键词，以便消费者在搜索时能够快速找到。

（四）制定合理的价格

价格是影响消费者购买决策的关键因素之一。在制定价格时，要综合考虑农产品的成本、市场需求、竞争对手状况等因素，确保价格具有竞争力且能够保障利润。

（五）设计吸引人的产品图片

要用高质量的产品图片吸引消费者的注意力，可以采用多角度展示、细节展示等方式，增强产品的吸引力。

（六）利用社交媒体进行推广

社交媒体是推广农产品的重要渠道。可通过在社交媒体上发布产品信息、分享客户评价、开展互动活动等方式，提高农产品的曝光度，吸引更多潜在消费者。

（七）建立完善的客户服务体系

提供优质的客户服务能够增强消费者的购买信心，提高复购率。可建立快速响应的客服系统，解答消费者的问题，及时处理投诉和纠纷，同时收集客户反馈，不断优化产品和服务。

集思广益

结合课程知识，描述一下如何进行农产品电子商务商品的上架处理。

运营故事

如何在抖音上售卖自家农产品？

想要在抖音上售卖自家农产品？没问题，跟着以下步骤操作吧！

首先，你需要了解抖音对农产品的分类。抖音对农产品的分类包括粮食作物如水稻、玉米等，油料作物如花生、胡麻等，以及蔬菜、水果类等。要确保你的农产品在抖音的农产品类别之内。

接下来，准备好你的农产品照片或视频。清晰、美观的图片或视频能吸引更多人关注你的产品。同时，要详细描述你的农产品，包括口感、营养价值等，从而让顾客更了解你的产品。

然后，在抖音上搜索“抖音小店”并入驻。入驻时需要准备好营业执照，并根据提示填写相关信息。如果是初级农产品，只需一张营业执照即可；如果是预包装食品，还需要食品经营许可证和食品生产许可证。

提交审核后，请耐心等待1～3个工作日。审核通过后，你的农产品就可以在抖音上售卖啦！

资料来源：百度．抖音上如何售卖自家农产品？.（2024-09-14）[2024-11-08]. https://mbd.baidu.com/newspage/data/dtlandingsuper? nid=dt_4121029423650097749.

【分析提示】

不同的电商平台对销售农产品有不同的要求。选择好平台后，要认真了解平台对农产品类别、上架、信息展示、售后服务等方面的规定，按照平台的要求进行操作，这样才能事半功倍，使农产品上架和销售更加顺畅。

项目总结

本项目我们学习了农产品电子商务商品处理的基本知识，了解了如何对农产品进行拍摄及图片处理、如何为农产品制定合理的价格，以及如何进行农产品上架操作，对这些知识的学习和认知可以帮助我们在农产品电子商务运营中促进农产品的销售，提高农产品的市场竞争力。

项目检测

一、单项选择题

1. 农产品在电子商务平台上进行销售前，通常需要进行哪个环节的处理？（　　）

A. 直接上架销售　　B. 商品信息编辑

C. 物流配送　　D. 销售评估

2. 对于农产品电子商务商品处理来说，以下哪项不是提高商品附加值的方法？（　　）

A. 改善包装　　B. 增加产品认证

C. 降低产品质量　　D. 打造品牌故事

3. 在电子商务中进行农产品销售时，下列哪项是提升消费者信任度的关键因素？（　　）

A. 价格低廉　　B. 产品多样性

C. 质量保证　　D. 快速配送

二、简答题

1. 简述农产品电子商务商品上架处理的操作要点。

2. 简述农产品电子商务商品价格制定的步骤。

三、论述题

1. 论述在电子商务环境下农产品图片处理的重要性及方法。

2. 分析农产品电子商务中商品价格制定的方法并举例说明。

项目延伸

结合本项目的内容，选取若干农产品，对其在电子商务平台上的定价进行分析总结，并填写下面的表格。

序号	农产品电子商务商品名称	价格	定价方法	效果分析

项目六 农产品电子商务品牌建设

素养目标

1. 认识农产品电子商务品牌建设的重要性，明白品牌强国的重要意义；
2. 树立农产品电子商务品牌建设的责任感。

知识目标

1. 了解农产品电子商务品牌建设的概念、意义和原则；
2. 掌握农产品电子商务品牌的要素和建设路径。

能力目标

1. 能够对农产品电子商务品牌进行简单的策划；
2. 能够运用所学知识进行农产品电子商务品牌形象设计和传播。

背景知识

农产品电子商务品牌建设对增强企业竞争力和提升农业产业链的价值至关重要。品牌建设需要综合考虑电子商务背景下农产品的产品定位、品质控制、形象塑造和市场推广等多个方面。首先，产品的质量是基础，这就要求通过优质的农业实践和严格的质量监控系统来确保产品的一致性和优良性。其次，在包装、标识和名称的设计上要吸引消费者的注意，同时传递出品牌的价值观和背后的故事，以增强消费者对品牌的记忆。再次，品牌推广要采用多渠道营销策略，如社交媒体营销、内容营销等，以此扩大品牌的影响力。最后，提供优质的服务并积极与用户进行互动对于建立良好的口碑和提高消费者的品牌忠诚度也非常重要。整个品牌建设过程应当以数据分析和市场研究为基础，以便不断调整和优化策略，适应不断变化的市场需求和竞争环境。

项目探索

任务一 洞悉农产品电子商务品牌建设

一、农产品电子商务品牌概述

（一）农产品电子商务品牌的概念

农产品电子商务品牌指的是在网络平台上推广和销售农产品的过程中形成的独特商业标识，它涵盖了品牌名称、标志、包装、形象及消费者对品牌的认知与联想等多个方面。

农产品电子商务品牌不仅代表着农产品电子商务所经营的产品的质量、特色和信誉，也是农产品电子商务经营者提供的服务和消费者在购买过程中的整体体验的反映。成功的农产品电子商务品牌能够建立消费者信任，提升产品竞争力，扩大市场份额，增加农产品电子商务的经济收益。

（二）农产品电子商务品牌的分类

根据农产品电子商务品牌的特点和定位，可以大致将其划分为以下几种类型。

1. 地域特色品牌

这类品牌通常强调农产品的地域特色和原产地优势，例如某地区的特色水果、蔬菜或粮食。它们通过凸显产地特点和文化底蕴，来提升产品的附加价值和市场竞争力。

2. 有机绿色品牌

这类品牌注重农产品的健康、环保和可持续性，主打有机种植、无农药残留等概念。它们迎合了现代消费者对健康饮食的追求，因此在市场上具有较强的吸引力。

3. 高端定制品牌

这类品牌致力于提供高品质、高附加值的农产品，满足消费者对个性化、定制化的需求。它们通常与高端餐饮、礼品市场等紧密合作，实现产品的差异化竞争。

4. 传统老字号品牌

这类品牌往往具有悠久的历史和深厚的文化底蕴，通过传承和创新，将传统农产品与现代电子商务相结合，打造具有独特魅力的品牌形象。

5. 创新科技品牌

这类品牌注重运用现代科技手段提升农产品的品质和产量，例如通过智能农业、物联网等技术实现精准种植和管理。它们以科技为驱动力，不断推动农产品电子商务的创新发展。

需要注意的是，这些类型并不是绝对的，实际中可能存在交叉和重叠的情况。同时，随着农产品电子商务市场的不断发展，新的品牌类型和模式也将不断涌现。

二、农产品电子商务品牌建设的意义

打造农产品电子商务品牌，对于农产品的线上销售和农业产业的可持续发展具有重要意义，具体体现在以下几个方面。

（一）提升农产品附加值与竞争力

通过品牌建设，可以使农产品形成独特的标识和形象，从而在激烈的市场竞争中脱颖而出。品牌化的农产品往往能够获得更高的消费者认可度和信任度，进而提升农产品的附加值和市场竞争力。

小贴士

产品附加值：是指通过智力劳动（包括技术、知识产权、管理经验等）、人工加工、设备加工、流通营销等创造的超过原辅材料价值的增加值。简而言之，它代表了产品在原有价值基础上通过有效劳动新创造的价值。

（二）促进农产品的标准化与品质化

品牌建设要求农产品在品质、规格、包装等方面达到一定的标准，这有助于推动农产品的标准化生产和品质提升。标准化和品质化的农产品能够更好地满足消费者的需求，提升消费者的购买体验。

（三）提高市场占有率与销售额

品牌化的农产品能够覆盖更广泛的消费者群体，从而拓宽销售渠道，提高市场占有率与销售额。

（四）提高消费者信任度与忠诚度

品牌是消费者对产品品质和服务的信任与依赖的体现。一个知名的农产品品牌能够赢得消费者的信任和忠诚，建立起长期的消费关系。这不仅有助于提升农产品的复购率，还能够为品牌带来口碑传播效应。

（五）推动农业产业升级与发展

品牌建设是农业产业升级与发展的重要推动力。通过打造农产品电子商务品牌，可以推动农业生产的规模化、集约化和现代化，提升农业的整体效益和竞争力。同时，品牌建设还能够带动相关产业的发展，实现农业产业链的协同发展。

农产品企业应积极加强品牌建设，提升品牌形象和竞争力，以适应电子商务时代的发展需求。

三、农产品电子商务品牌建设的原则

（一）市场导向原则

品牌建设应以市场需求为导向，深入了解消费者的需求和偏好，确保品牌定位、形象塑造和传播与市场趋势相吻合。通过市场调研和分析，可以发现市场的空白点和机会，从而精准定位品牌，满足消费者的个性化需求。

（二）质量至上原则

品牌的核心是产品或服务的质量。农产品电子商务品牌建设必须始终将质量放在首位，确保提供的农产品安全、健康、新鲜。通过严格的质量控制和监管，可以提升农产品的品质，赢得消费者的信任和忠诚。

（三）创新驱动原则

在品牌建设过程中，应注重创新，不断探索新的营销手段、传播方式和经营模式。通过创新，可以提升品牌的知名度和影响力，增强品牌的竞争力和生命力。

（四）文化传承原则

农产品往往承载着丰富的地域文化和深厚的历史底蕴。在品牌建设中，应充分挖掘和传承这些文化元素，将农产品的特色和文化内涵融入品牌形象的建设和传播中，提升品牌的文化价值。

下面我们以世壮燕麦品牌为例，分析农产品电子商务品牌建设原则的应用。

世壮燕麦品牌是中国农业科学院长期研究和选育燕麦作物的成果。在品牌建设过程中，该品牌遵循了市场导向原则，通过与阿里巴巴集团旗下的聚划算、聚新鲜平台合作，借助平台的用户资源和营销能力，推动世壮燕麦新品的首发宣传和品牌化营销。同时，该品牌注重质量至上原则，通过严格的质量控制和监管，确保燕麦产品的品质和安全性。在品牌形象设计上，该品牌充分挖掘燕麦的健康、营养等特色，推出独特的品牌形象和包装设计，提升了品牌的辨识度和记忆度。此外，该品牌还通过创新营销手段，如利用名人效应、直播低价让利等，提高了产品的知名度和销量，实现了品牌价值的最大化。

世壮燕麦品牌的成功构建，充分体现了市场导向、质量至上、创新驱动等原则在农产品电子商务品牌建设中的重要作用。遵循这些原则，有助于为消费者提供优质的农产品和服务，提升品牌的竞争力和影响力，实现品牌与消费者的共赢。

运营故事

“邻城十里”品牌，推动电商与农产品深度融合

2024 年 2 月 28 日，怀来县举行“邻城十里 · 一路有你”品牌发布会。此次发布的“邻城十里”品牌，旨在促进电商与农产品的深度融合，为县域经济高质量发展注入新动力。

近年来，怀来县立足自身资源优势，大力实施“一乡一品”战略，致力于挖掘和培育特色产业，强化品牌建设。通过建设县级电子商务公共服务中心、乡镇电商服务点和村级服务点，怀来县成功整合了全县优质资源和企业，实现了线上线下有效结合，推动更多特色产品走出县域、走向全国。

“邻城十里”品牌作为怀来县的全新城市品牌，不仅代表着怀来县的独特魅力和优质产品，更反映了怀来县与周边地区的紧密联系和合作。该品牌将助力电商与农产品的深度融合，为怀来县的电商产业和农产品市场开拓更广阔的发展空间。

资料来源：怀来发布．怀来县发布“邻城十里”品牌，推动电商与农产品深度融合．(2024-03-01)[2024-11-08]. https://www.thepaper.cn/newsDetail_forward_26530171.

【分析提示】

怀来县推出的“邻城十里”品牌，不仅是对怀来县优势资源进行深入挖掘和整合的成果，更是电商与农产品深度融合的积极探索，对县域经济的高质量发展具有重要意义。

任务二　打造农产品电子商务品牌

一、农产品电子商务品牌的要素

农产品电子商务品牌的要素包括品牌标识与名称、品牌故事和文化、品牌产品质量和品质、品牌营销和推广以及品牌维护和保护等，这些要素共同塑造了品牌的价值，帮助品牌赢得市场竞争。

（一）品牌标识与名称

品牌标识与名称是构成品牌概念的关键要素，它们共同塑造了消费者对品牌的初步认知和印象。其示例见图 6-1。

1. 品牌标识与名称的概念

(1) 品牌标识的概念。

品牌标识通常被称为 Logo，是品牌形象的核心部分，它是一种视觉符号，用于表明品牌的特征。品牌标识一般由单纯、显著、易识别的图形、文字或符号构成，不仅代表品牌，还具有表达意义、情感和指示行动的作用。品牌标识的设计是一种图形艺术，它需要体现品牌的内涵和特点，同时遵循一定的艺术规律，以达到简练、概括和完美的要求。

(2) 品牌名称的概念。

品牌名称是品牌要素中可以用言语称谓的部分。品牌名称应该易于读写、记忆，并具有独特性，以便在众多品牌中脱颖而出。一个好的品牌名称通常简洁明了，能够体现品牌的特点和价值，同时具备时代感和创新性。

图 6-1　农产品品牌标识与名称示例

2. 品牌标识与名称的作用

（1）品牌标识的作用。

1）识别与区分：品牌标识是消费者用视觉来识别、区分品牌的一种途径。它通过独特的图案、色彩或字体，帮助消费者在众多品牌中快速识别并记住某个特定品牌。

2）传递品牌信息：品牌标识以直观的形式向消费者传递品牌信息，包括品牌的历史、文化、价值观和产品特性等。

3）创造品牌联想：成功的品牌标识能够引导消费者进行品牌联想，建立起品牌的独特属性和消费者心目中的品牌形象。

4）激发情感：品牌标识能够通过其独特的设计和内涵，激发消费者的情感，如喜爱、信任和忠诚等，从而增强品牌与消费者之间的联系。

5）增强记忆：有个性的品牌标识能唤醒或增强消费者的记忆，提高品牌的辨识度和影响力。

（2）品牌名称的作用。

1）传播与识别：品牌名称通过言语传播，帮助消费者记住品牌，提高品牌的知名度和影响力。

2）体现品牌个性：品牌名称通常具有独特的个性和内涵，能够体现品牌的特点和价值主张。

3）促进品牌传播：易读、易记的品牌名称能够有效地促进品牌的口口相传，增强品牌的传播力。

4）建立品牌形象：好的品牌名称有助于在消费者心中建立起积极的品牌形象。

5）提升品牌价值：好的品牌名称能够提升品牌的价值，成为品牌资产的重要组成部分。

品牌标识与名称共同构成了品牌的视觉和言语识别系统，对于品牌的建立、传播和价值提升具有至关重要的作用。

（二）品牌故事和文化

农产品电子商务的品牌故事和文化是品牌建设中不可或缺的部分，它们通过讲述产品背后的故事和传达品牌的核心价值观，来增强与消费者的情感联结，提高消费者的品牌忠诚度。构建一个有吸引力的品牌故事，深入挖掘和利用农产品的历史文化、产地特色等，可以丰富农产品电子商务品牌的文化内涵，提升其情感价值。

1. 品牌故事和文化的概念

（1）品牌故事的概念。

品牌故事是指围绕农产品品牌编制的一系列具有吸引力和感染力的叙述。构建品牌故事的目的是让消费者了解产品的独特性，感受到品牌的情感价值，从而与品牌建立起情感上的联系。

（2）品牌文化的概念。

品牌文化是指品牌所代表的一系列文化价值和信念，包括品牌的使命、愿景、价值观、行为准则等。品牌文化是品牌个性的体现，它指导着品牌的行为和决策，同时也影响着消费者的品牌感知。

2. 品牌故事和文化的内容

（1）历史传承。

历史传承是指品牌对其独特的文化、价值观、识别物以及故事等元素的传承。历史传承可以帮助品牌形成强大的市场影响力，赢得消费者的信任和忠诚。

例如，某个以传统手工制作著称的农产品品牌，其品牌故事讲述了几代人传承下来的手工技艺，以及这种技艺如何影响了当地社区和文化；其品牌文化强调的是品牌对传统工艺的尊重和保护，以及对品质的不懈追求。

（2）地域特色。

地域特色主要是指品牌所代表的农产品与其产地的密切关系，它融合了当地的自然环境、种植传统、文化特色等因素，有助于形成独特的品牌价值，提升品牌的市场竞争力。

例如，某个地理标志产品，其品牌故事围绕该地区独特的自然条件和农业生产方式展开，讲述如何利用这些优势生产出高品质的农产品；其品牌文化强调了地域特色的重要性和可持续发展的理念。

（3）创新创造。

创新创造指的是在电子商务环境下，农产品品牌对产品、服务、营销策略等的创新，它可以帮助品牌满足消费者不断变化的需求，体现品牌的独特性，提升市场竞争力。

例如，某个采用现代农业技术进行生产的农产品品牌，其品牌故事讲述了品牌如何通过科技创新提高农业生产效率和产品质量；其品牌文化强调了品牌对创新的鼓励和对科技进步的重视。

（4）责任担当。

责任担当是指品牌在经营过程中积极履行社会责任，关注环保、食品安全和消费者权益，以诚信、可持续的方式推动农产品电子商务的健康发展。

例如，某个致力于生产有机农产品的品牌，其品牌故事讲述了品牌如何从零开始，克服困难，坚持有机种植，为消费者提供健康食品；其品牌文化则强调品牌对环境保护的承诺和对消费者健康的关怀。

（5）人文情怀。

人文情怀是指品牌在经营过程中注重传承和弘扬农耕文化，通过讲述农产品背后的故事，传递出对自然、对传统、对消费者的尊重和关怀，从而与消费者建立深厚的情感联系。

例如，某个以帮助小农户销售产品为己任的电商平台，其品牌故事讲述了平台如何帮助小农户克服市场难题，改善生活条件；其品牌文化则强调了品牌对小农户的支持和帮扶。

（三）品牌产品质量和品质

在农产品电子商务中，产品质量和品质是品牌的核心要素，它们直接关系到消费者的购买决策和品牌的声誉。确保农产品的质量和安全，满足或超越消费者的期望，是品牌建立和维护的基础。农产品电子商务品牌可以通过质量认证体系来提升消费者对产品的信任度。

1. 品牌产品质量和品质的概念

（1）品牌产品质量的概念。

品牌产品质量是指品牌产品能够满足消费者明确和隐含需求的特征和特性的总和，包括产品的可靠性、耐用性、性能、安全性等方面。在农产品电子商务中，产品质量通常涉及农产品的新鲜度、口感、营养价值、卫生标准等。

（2）品牌产品品质的概念。

品牌产品品质则侧重于品牌产品的整体质量和消费者的使用体验，包括产品的外观、包装、品牌形象、客户服务等。产品品质不仅包括产品本身的质量，还涉及与产品相关的附加值。

2. 品牌产品质量和品质的运营方法

下面以一个销售有机水果的电子商务品牌为例，说明品牌产品质量和品质的实际运营方法。

（1）产品质量。该品牌为了保证产品质量，从源头抓起，比如通过与种植基地合作实施标准化生产，使用现代农业技术提高水果质量和产量。同时，品牌会对产品进行严格的质量检测，确保产品质量符合国家标准和品牌自身的质量要求。

（2）产品新鲜度。该品牌通过严格的采摘时间控制、快速的冷链物流配送以及真空或气调包装技术确保了水果从产地到消费者手中的新鲜度。

（3）口感和营养价值。该品牌水果在有机种植过程中不使用化学肥料和农药，保证了水果的天然口感和营养价值。同时，该品牌水果通过了第三方认证机构的有机认证，增强了消费者对水果品质的信任。

（4）卫生和安全。在卫生和安全方面，该水果品牌从种植、培育、采摘、加工到包装的全过程符合食品安全标准，通过食品安全管理体系的认证，如ISO22000或HACCP等。

（5）包装和品牌形象。该品牌产品质量和品质不仅体现在水果本身的色、香、味、形上，还体现在精美的包装设计和一致的品牌形象上。这些都能够提升消费者的购买体验和品牌忠诚度。

（6）客户服务。在客户服务上，该品牌提供详细的产品描述、清晰的产品图片、快速响应的客服咨询、便捷的退换货政策等，这些提升产品品质的服务，能够提高消费者的满意度，增强其再次购买的意愿。

通过上述案例我们可以看到，优质的产品能够提升消费者的满意度，增强品牌信誉，从而使产品在竞争激烈的市场中获得优势。品牌需要通过不断优化产品质量和提升整体品质，来满足消费者的需求和期望。

（四）品牌营销和推广

在农产品电子商务中，品牌营销和推广是指通过一系列策略与活动来提升品牌知名度、塑造品牌形象、扩大市场份额以及促进产品销售的过程。这通常涉及市场调研、目标客户分析、品牌定位、广告宣传、促销活动、社交媒体营销、内容营销等多个方面。通过有效的营销策略和推广活动，可以提高品牌知名度和市场占有率。

1. 品牌营销和推广的概念

（1）品牌营销的概念。

品牌营销是指企业为了宣传其农产品品牌而采取的一系列市场策略和行动，包括了解市场需求、确定目标市场、选择营销渠道、建立品牌形象等。

（2）品牌推广的概念。

品牌推广是指为了促进农产品的销售而实施的具体的营销活动，如广告投放、公关活动、促销活动等，它旨在提高品牌的可见度，吸引潜在客户，提高产品的销售量。

2. 品牌营销和推广的方法

仍以前面销售有机水果的电子商务品牌为例，说明品牌营销和推广的具体实施方法。

（1）市场调研和目标客户分析。首先通过市场调研和目标客户分析，了解消费者对有机水果的需求和偏好。然后，通过数据分析确定目标客户群体，如健康意识强的消费者、对食品安全有较高要求的家庭等。

（2）品牌定位和信息传播。通过研究，确定该品牌的定位是提供天然、健康、无污染的水果。可以通过包装设计、广告语、品牌故事等方式，强调其产品的新鲜度和健康价值。

（3）广告宣传和促销活动。在重要节假日或水果成熟季节，通过在线广告、电子邮件营销、社交媒体推广等方式，宣传其产品的优势和促销信息，吸引消费者购买。

（4）社交媒体营销。通过在微博、微信、抖音等社交媒体平台上发布有关该品牌有机水果种植、采摘、加工的教育性内容，以及果农故事等，来吸引消费者关注和提高品牌认知度。

（5）内容营销和故事讲述。通过撰写微博、制作视频、举办线上直播等形式，讲述农产品的生产故事、地方文化特色，以及与消费者之间的情感联系，从而增强品牌吸引力。

（6）合作伙伴关系。该品牌与知名厨师、美食博主、健康生活方式倡导者等建立合作关系，通过他们的推荐和使用，来提升品牌形象和产品的可信度。

通过上述案例，我们可以看到，品牌营销和推广是一个综合性的过程，需要企业结合自身产品特点和市场环境，采取多种策略和手段，以有效地传达品牌价值，吸引和留住消费者，从而实现品牌的长期发展和产品的持续销售。

（五）品牌维护和保护

品牌维护和保护是确保品牌价值持续增长和避免品牌资产受损的一系列策略和行动，包括品牌管理、客户关系维护、知识产权保护、市场监控等多个方面。

1. 品牌维护和保护的概念

（1）品牌维护的概念。

品牌维护是指通过持续的品牌管理和营销活动，保持品牌的活力和持续性，确保品牌与消费者需求和市场趋势保持一致。品牌维护还涉及提升客户满意度和忠诚度，强化正面形象。

（2）品牌保护的概念。

品牌保护是指采取措施包括法律手段和技术手段，防止品牌被模仿、滥用或侵犯，以确保品牌的独家使用权和市场地位不受威胁。

2. 品牌维护和保护的方法

下面以某个特色蜂蜜品牌为例，说明品牌维护和保护的方法。

（1）品牌管理。该品牌定期更新宣传材料，以反映最新的市场趋势和消费者偏好。同时，确保所有市场渠道和触点上的品牌形象与信息都是统一的，保证品牌的一致性。

（2）客户关系维护。通过优质的客户服务、定期的客户反馈调查、忠诚度奖励计划等，来维护与客户的长期关系，提升客户满意度和忠诚度。

（3）知识产权保护。该品牌包装设计独特，申请了外观设计专利来保护其包装不被模仿。同时，该品牌通过商标注册来保护品牌标识与名称，防止他人未经授权使用。

（4）市场监控。该品牌不断监控市场上可能出现的假冒伪劣产品，及时采取法律措施打击侵犯品牌权益的行为。同时，该品牌通过在线监控工具，追踪品牌在互联网上的消费者评价和声誉，及时应对可能出现的负面信息。

（5）反不正当竞争。当发现竞争对手使用误导性广告或虚假宣传来抢夺市场份额时，该品牌会通过法律途径提起诉讼，要求对方停止侵权行为并赔偿损失。

（6）品牌教育。该品牌通过指导消费者学会识别正品、向消费者宣传品牌故事等方式，来提升消费者对品牌的认同感和忠诚度。例如，举办品牌故事分享会、产品知识讲座等活动，增强消费者对品牌价值的理解和尊重。

通过上述案例我们可以看到，品牌维护和保护是一个全面的、持续的过程，需要企业在多个层面上采取措施，以确保品牌的长期健康发展和市场竞争力。

农产品电子商务品牌的成功构建离不开各方面的协同推进，在农产品电子商务领域，品牌要素的有效整合和运用对于建立品牌形象、扩大市场份额、增强消费者信任以及实现长期业务增长至关重要。因此，企业在品牌建设过程中应科学规划、细致实施，以确保每个要素都能够为品牌价值的提升贡献力量。

集思广益

试用自己的语言描述一下农产品电子商务品牌的要素有哪些，以及这些要素分别起到什么作用。

二、农产品电子商务品牌的建设路径

农产品电子商务品牌建设是一个系统而复杂的过程，其主要路径如下。

（一）市场分析与定位

农产品电子商务品牌建设的市场分析与定位是一个系统的过程。首先，要进行深入的市场调研。通过问卷调查、访谈、网络数据收集等方式，了解目标消费者的需求、购买习惯和偏好以及竞争对手的情况。特别要关注消费者对农产品的品质、价格、包装、配送等方面的期望和偏好，以便为品牌定位提供有力的数据支持。同时，要根据消费者的年龄、性别、地域、职业等特征，对其进行细分和定位，以便为不同群体提供个性化的产品和服务。图 6－2 为某农产品区域公用品牌的调查问卷。

关于常州市农产品区域公用品牌的调查问卷

发布单位：常州市

为深入实施质量兴农、绿色兴农、品牌强农战略，推进农产品品牌提升，进一步打造农产品区域公用品牌，现在全市范围就“农产品区域公用品牌”进行问卷调查：调查时间为2023年12月15日 至2024年01月15日。

结果反馈：关于常州市农产品区域公用品牌的调查问卷的结果反馈

1、您的性别？　单选题	
男	占 80%
女	占 20%

2、您的年龄？　单选题	
30岁以下	占 0%
30-45岁	占 20%
45-60岁	占 60%
60岁以上	占 20%

3、您的文化程度？　单选题	
高中以下	占 0%
高中	占 0%
大专	占 60%
大学本科及以上	占 40%

图 6－2　某农产品区域公用品牌的调查问卷

然后，基于市场调研的结果，确定品牌在市场中的定位。品牌定位要突出农产品的特色和优势，与竞争对手形成差异化竞争。例如，如果农产品具有绿色、有机、健康等特点，就可以定位为高端、健康、环保品牌。

接下来，进行竞争对手分析。通过收集和分析竞争对手的品牌定位、产品特点、价格策略、营销策略等信息，找出自身的优势和不足，为制定有针对性的品牌策略提供依据。

明确品牌定位后，要制定具体的市场策略，包括产品策略、价格策略、渠道策略和促销策略等。例如，根据品牌定位和目标消费者的需求，选择合适的产品组合和价格策略；通过电商平台、社交媒体等渠道进行品牌传播和推广；利用促销活动、会员制度等方式增强消费者购买意愿，提高消费者忠诚度。

最后，要持续关注市场动态和消费者需求的变化。市场环境和消费者需求可能会发生变化，品牌定位和市场策略需要随之调整和优化。因此，要建立完善的监测机制，及时收集和分析市场反馈与消费者意见，为品牌的长远发展奠定基础。

总之，农产品电子商务品牌建设的市场分析与定位是一个复杂且关键的过程，需要综合考虑多个因素并制定相应的策略。通过科学的市场分析和精准的品牌定位，农产品电子商务品牌可以在激烈的市场竞争中脱颖而出，实现可持续发展。

（二）品牌规划与设计

农产品电子商务品牌建设需要进行详细的品牌规划与设计。具体而言，品牌规划与设计需要考虑以下几个方面。

1. 品牌核心价值挖掘

要挖掘农产品电子商务品牌的核心价值，首先需要深入了解消费者的真实需求和期望。可以通过市场调研、数据分析等手段，掌握消费者的购买习惯和偏好，以及对农产品品质、价格、服务等方面的期望。这有助于我们明确品牌在市场中的定位，从而找到满足消费者需求的最佳切入点。

农产品电子商务品牌的核心价值往往与其所销售的农产品紧密相关。因此，我们需要深入挖掘农产品的特色与优势，如口感、营养价值、文化内涵、品质、产地等。这些特色与优势可以成为品牌的核心竞争力，使品牌具有独特的吸引力，帮助品牌在激烈的市场竞争中脱颖而出。

例如，自然田天然农场的农场主用原始的“自然农业法”种植水稻、花生、胡萝卜等农作物，土壤不施化肥，注重利用自然资源，主打有机、原始，为消费者提供最自然、原始的农产品。

自然田天然农场的 Logo 设计（见图 6－3）揭示了农场的核心价值：“原始、天然和简单”。包装图案（见图 6－4）主要描绘了农产品生长的自然环境以及自然生长的过程，例如山下农田的风景、自然状态下生长的水稻等，传达出与环境共生的生活方式和理想。

2. 品牌形象设计

品牌形象设计主要是指品牌命名与标识设计，应选择一个易于记忆、与农产品特性相符的品牌名称，并设计独特的品牌标识，以树立自身的品牌形象。比如“绿野原香”，寓意源自大自然，保持食材的原汁原味。

农产品电子商务品牌的命名应遵循简洁易记、易于发音、易于正面联想、易于法律保

图 6-3　自然田天然农场的 Logo 设计

资料来源：尚略博客．自然田天然农场农产品包装设计品牌形象设计．(2019-10-15) [2024-11-08]. https://www.shinerayad.com/news_info.asp? id=2528.

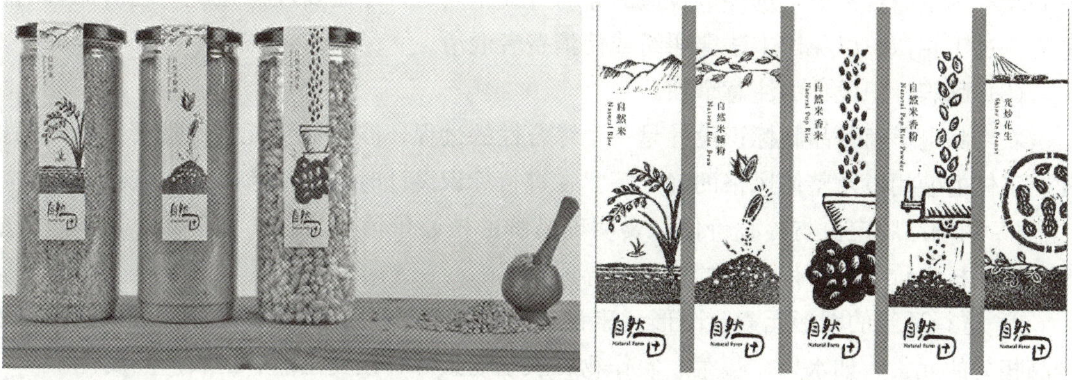

图 6-4　自然田农产品的包装图案

资料来源：尚略博客．自然田天然农场农产品包装设计品牌形象设计．(2019-10-15) [2024-11-08]. https://www.shinerayad.com/news_info.asp? id=2528.

护等原则，而标识设计则要求视觉冲击力强、具有较高的识别度、能体现品牌价值观与个性特征，并适合在各种媒介和环境下传播。同时，两者均需兼顾跨文化的适用性和未来发展的延展性。

（1）品牌命名方法。

农产品电子商务品牌命名是一个需要精心策划和考虑的过程，它不仅需要反映产品的特性和优势，还需要易于记忆和发音，并能够引起消费者的共鸣和好感。一些具体的命名方法如下：

1）直接描述法。这种方法直接描述产品的主要特性或优势，使消费者一听名字就能明白产品的主要卖点。例如“有机绿源蔬菜”，这个名字直接告诉消费者这是一个销售有机蔬菜的品牌，强调其健康、环保的特点。

2）地域特色法。利用产品产地的特色或名气，直接用产地名称来为品牌命名。这种方法可以强调产品的地域性和独特性。例如“长白山野生蜂蜜”，长白山是中国著名的自然保护区，以其独特的生态环境和丰富的自然资源而闻名。这个名字既突出了蜂蜜的野生和原生态特点，又借助长白山的名气提升了品牌的认知度。

3）情感联想法。通过名字唤起消费者的某种情感或联想，从而提升品牌的吸引力和记忆度。例如“乡愁味道大米”，这个名字让人联想到家乡的味道和记忆，容易引发消费者的情感共鸣，增强其购买欲望。

4）创新词汇法。创造一个新的词汇或词汇组合来命名品牌，使其名称独特且易于记忆。例如“绿手指农庄”，这个名字中的“绿手指”代表着拥有园艺技能和热爱大自然的人，给人一种专业、亲切的感觉。

5）文化寓意法。借助传统文化或历史典故来为品牌命名，可以赋予品牌浓厚的文化气息。例如“桃花源水果”，这个名字借用了中国传统文化中的“桃花源”意象，象征着理想中美好、宁静的生活，给人一种清新、自然的感觉。

农产品电子商务品牌命名的方法多种多样，我们应根据产品的特性、目标市场、消费者心理等因素综合考虑，选择最合适的命名方式。同时，还需要注意避免与已有品牌名称重复或过于相似，以免产生法律纠纷或使消费者混淆。

（2）品牌标识设计的注意事项。

农产品电子商务品牌标识设计是一个综合性的过程，涉及视觉元素的选择、色彩的搭配、字体的使用以及整体风格的确定等。在进行标识设计时需要注意以下几点：

1）明确品牌定位与核心价值：要明确品牌的核心价值和定位，如健康、新鲜、天然等。这些核心价值是标识设计的核心指导原则。

2）选择适当的图形元素：图形元素设计是标识设计的重要组成部分。可以选择与农产品相关的元素，如水果、蔬菜、农作物、农场场景等，以突出品牌的农产品属性。

3）选择合适的颜色：颜色在标识设计中起着至关重要的作用。对于农产品电子商务品牌来说，绿色、蓝色等自然色调通常是较好的选择，因为它们能够传达出健康、天然和清新的感觉。

4）注意字体的使用：字体应简洁、易读，与品牌的整体风格相协调。避免使用过于复杂或花哨的字体，以确保标识的清晰度和辨识度。

5）简洁明了：标识设计应简洁明了，避免过于复杂或烦琐的设计，以便于消费者快速识别和记忆。

6）符合目标市场审美：不同地区和文化背景的消费者对于美的认知存在差异，因此标识设计应充分考虑目标消费者的审美习惯和文化背景。

7）体现地域特色：农产品通常具有明显的地域特色，在标识设计中可以融入地域元素，以突出品牌的独特性和地域优势。

综上所述，农产品电子商务品牌标识设计需要综合考虑品牌定位与核心价值、图形元素、颜色搭配、字体使用等多个方面，以确保标识能够准确传达品牌的特点和理念，吸引和留住目标消费者。

3. 品牌包装设计

农产品电子商务品牌的产品包装应紧贴市场需求，凸显产品差异化特色，保护农产品品质和安全。品牌包装设计要体现品牌调性，兼顾产品保护、便利、环保及美观需求，有效传递产品价值观与品牌故事。

在进行农产品电子商务品牌包装设计时，应注意以下几点：

（1）包装设计应与品牌整体形象保持一致。品牌包装的色彩、图案、字体等视觉元素要与品牌形象保持一致，以便消费者一眼就能识别出品牌，使品牌产品在众多商品中脱颖而出。

（2）包装设计应突出产品特性。包装上要明确标注产品特色，如产地、品种、等级、认证标志（如有机产品、绿色食品认证）、生产日期、保质期等信息，尤其要强调产品的独特之处，如纯天然、无污染、非转基因等。

（3）包装应增强产品保护功能。包装材料必须满足农产品的基本保护需求，防止产品在运输过程中的损坏、污染和变质，可选择适当的防潮、防震、保鲜等功能性包装材料。

（4）包装要有人性化设计。包装设计要考虑到用户体验，例如易于开启、携带方便、便于储存等。如果是礼盒装，还需要注重礼品化设计，提升赠送礼品或自用时的仪式感和审美享受。

（5）包装要与电商物流相适应。网络销售的特殊性要求包装能够适应物流运输操作，比如抗压性强、体积大小适中、适合打包和快递分拣等。

（6）包装应确保合规性。包装设计必须遵守国家相关法律法规的规定，包括食品标签规定、电子商务商品包装要求等。

图 6－5 为某农产品电子商务品牌的包装设计。

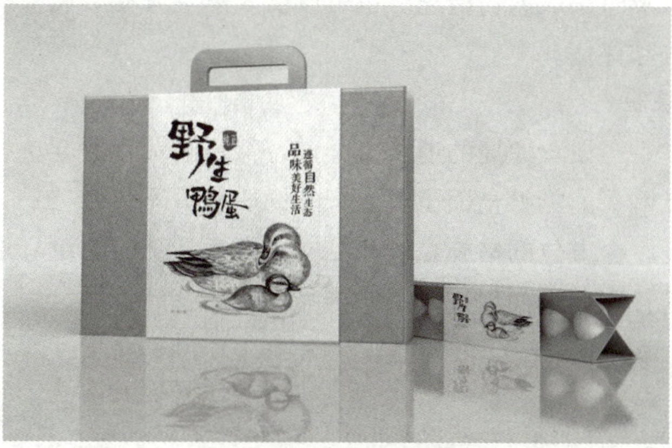

图 6－5　某农产品电子商务品牌的包装设计

农产品电子商务品牌包装设计不仅仅是外观美化的过程，更是品牌文化传播、产品价值展现、环保理念践行和消费体验提升的综合体现。精心设计的包装，不仅能有效保护产品，还能成为品牌与消费者之间的桥梁，提升品牌形象和市场竞争力。

（三）品牌质量与安全保障

农产品电子商务品牌的核心是产品质量和安全。因此，要建立严格的质量控制和安全保障体系，确保农产品的新鲜、健康和安全。可以通过引进先进的农业生产技术和设备，提高农产品的品质和产量。同时，要加强农产品的检测和认证工作，确保产品符合相关标准和法规要求。

以下是实现农产品电子商务品牌质量与安全保障的几个关键点。

1. 源头把控

建立严格的农产品生产源头管理体系，确保农产品种植、养殖符合国家相关标准和规范，比如有机产品、绿色食品或地理标志产品的认证标准。实施标准化生产流程，实现种子/种苗筛选、施肥用药、病虫害防治、收获处理等环节的科学管理。

2. 质量检测

建立健全农产品质量检测体系，定期对产品进行农残、重金属、微生物等项目检测，确保符合食品安全标准。对进入电商平台销售的农产品进行批次抽检，不合格产品不得上线销售。

3. 全程追溯

应用物联网、区块链等技术建立农产品溯源系统，实现从农田到餐桌的全过程追溯，让消费者能查询到每一件农产品的产地、生长周期、加工流程、物流等信息。

4. 冷链物流

加强农产品的冷链物流设施建设，确保生鲜农产品在存储、运输过程中的温湿度控制，降低损耗，保证农产品的新鲜度和营养价值。

5. 平台监管

电商平台应承担起监督责任，建立严格的商家入驻审核机制，审查商家资质及产品合格证明，对违规商家及时采取惩罚措施。也可以引入第三方权威质检机构，对平台上的农产品进行不定期抽查和评估。

6. 消费者权益保护

完善售后服务体系，设置便捷的退换货渠道，保障消费者的合法权益。提供充足的商品信息，使消费者在购买前能够全面了解农产品的质量情况。

通过上述多维度、全方位的措施，农产品电子商务品牌能够更好地保证产品质量，提升消费者对品牌的信任度，进而促进线上农产品市场的稳健发展。

集思广益

选择一种农产品，说一说你将如何为其打造农产品电子商务品牌。

三、农产品电子商务品牌建设的客户关系管理

客户关系管理（Customer Relationship Management，CRM）是提升客户满意度和忠诚度以及建立长期客户关系的关键。它主要包括：建立完善的客户关系管理系统，收集和分析客户数据，了解客户的购买行为和偏好；通过个性化推荐、定期回访等方式，提供个性化的服务和体验；及时处理客户的反馈和投诉，提高客户满意度和忠诚度。

在农产品电子商务品牌建设中，一些常用的客户关系管理策略如下。

（一）建立客户信息数据库

这是 CRM 的基础工作。企业需要收集并整理客户的个人信息、购买记录、反馈意见等，形成完整的客户档案。通过数据分析，企业可以洞察客户的购买行为和偏好，为后续的市场推广和个性化服务提供数据支持。

例如，某农产品电子商务企业通过收集客户的购买历史和浏览记录，发现有一部分客户对某类有机蔬菜的复购率较高。于是，企业针对这部分客户推出了“有机蔬菜会员计划”，提供折扣优惠和定制化服务，有效提升了客户满意度和忠诚度。

（二）个性化推荐与定制化服务

基于客户信息数据库，企业可以向客户推荐符合其需求和偏好的农产品，提供个性化的购物体验。同时，企业还可以根据客户的特殊需求，提供定制化服务，如定制包装、配送服务等。

例如，某农产品电子商务企业通过分析客户的购买记录和反馈意见，为每位客户提供了个性化的农产品推荐。此外，企业还根据客户的特殊需求，如节日庆典、健康饮食等，提供了定制化的礼品包装和配送服务，赢得了客户的高度赞誉。

（三）定期沟通与回访

企业应定期与客户进行沟通，了解客户的满意度和需求变化。企业可以通过电话、邮件、社交媒体等多种渠道，与客户保持紧密的联系，及时解决客户的问题和疑虑。同时，定期回访也有助于企业及时收集客户的反馈意见，不断优化产品和服务。

例如，某农产品电子商务企业设立了专门的客户服务团队，负责定期回访和与客户进行沟通。在每次交易完成后，团队都会向客户发送满意度调查问卷，收集客户的反馈意见。针对客户提出的问题和建议，企业会及时进行改进和优化，从而提升了客户满意度和忠诚度。

（四）积分奖励与会员制度

通过设立积分奖励和会员制度，企业可以激励客户更频繁地购买农产品，提升客户的复购率。积分可以用来兑换商品或优惠服务，而会员则可以享受更多的专属权益和优惠。

例如，某农产品电子商务企业实施会员制度，会员可以享受免费配送、专属折扣等优惠。同时，企业还设立了积分奖励机制，客户在购买农产品时可以积累积分，积分可以用来兑换商品或抵扣现金。这一策略有效地提升了客户的购买频率和忠诚度。

客户关系管理在农产品电子商务品牌建设中具有举足轻重的作用。通过有效的 CRM 策略，企业可以与客户建立长期的信任和合作关系，推动品牌的持续发展。

集思广益

农产品电子商务品牌建设的客户关系管理有哪些手段和方法？

运营故事

电商新农人助力湖北特色农产品在全国“破圈”

“汉购网”是火凤凰公司自主研发的专注于农特产品的电商营销服务平台，是目前湖北省本地电商平台之一，注册会员 3 000 万人，客户遍及全国。

“汉购网”最初上线时乘着大数据和互联网两股劲风，成就了一个叫响全国的品牌——“农谷鲜”。

湖北是农业大省，但如何让优质又有竞争力的产品走进千家万户，这是火凤凰电商团队一直在思考的问题。通过网购大数据分析，团队将目标锁定在了大米上。

一边到汉川、荆门、京山寻找优质大米厂家，一边与武汉轻工大学合作，制定大米标准：每 100g 大米硒含量高于 15μg，碎米率不得高于 5%，不得出现半头米、异色米……

以品牌赋能湖北粮油产品，打造湖北省放心粮油品牌，目前“农谷鲜”已是多个线上平台大米类目的网红产品。

资料来源：长江日报．“90 后”电商新农人，助力湖北特色农产品在全国“破圈”．(2022 - 12 - 15) [2024 - 11 - 08]. https://baijiahao.baidu.com/s?id=1752278138224868756&wfr=spider&for=pc.

【分析提示】

“汉购网”借助大数据与互联网的力量，成功打造了“农谷鲜”品牌，推动了湖北优质农产品走向全国，成为电子商务品牌建设和营销推广的典范。

项目总结

本项目我们学习了农产品电子商务品牌建设的基本知识，了解了农产品电子商务品牌建设的路径和方法，以及农产品电子商务品牌建设中的客户关系管理策略，对这些知识的学习和认知将为我们更好地进行农产品电子商务品牌建设打下良好的基础。

项目检测

一、单项选择题

1. 农产品电子商务品牌建设的首要步骤是（　　）。

A. 设计标志和口号　　B. 分析竞争对手

C. 市场分析与定位　　D. 开展促销活动

2. 在农产品电子商务中，以下哪项不是构建品牌信任的关键因素？（　　）

A. 产品质量的一致性　　B. 有吸引力的包装设计

C. 正面的用户评价　　D. 快速响应的客户服务

3. 品牌质量与安全保障的关键不包括（　　）。

A. 源头把控　　B. 质量检测

C. 全程追溯　　D. 内容营销

二、简答题

1. 简述农产品电子商务品牌建设的基本原则。

2. 简述农产品电子商务品牌标识与名称的作用。

3. 简述农产品电子商务品牌维护和保护的方法。

三、论述题

1. 论述农产品电子商务品牌建设中市场调研的作用。

2. 分析农产品电子商务品牌建设中常用的客户关系管理策略。

项目延伸

通过在互联网上搜索，寻找一个农产品电子商务品牌建设的案例，总结其品牌建设的优劣势，并根据自己所学的知识提出建议，写一篇不少于 300 字的心得体会。

项目七

农产品电子商务营销推广

素养目标

1. 加深对社会主义市场经济的理解，树立正确的商业伦理观和职业道德观；
2. 树立现代科技意识，培养创新精神。

知识目标

1. 了解农产品电子商务营销推广的概念和相关理论；
2. 掌握农产品电子商务营销推广的方法和策略。

能力目标

1. 能够运用适当的方法和策略进行农产品电子商务营销推广；
2. 具备农产品电子商务营销推广的策划能力。

背景知识

在农产品电子商务领域，产品种类日益繁多，市场竞争日趋激烈，消费者面临着多样的选择。企业要想使自己的农产品在众多选项中脱颖而出，受到消费者的青睐，就要深入研究和把握农产品电子商务市场的最新趋势，关注消费者购买习惯、偏好的变化以及市场需求的动态调整，通过市场调研和数据分析，洞察消费者的真实需求，从而调整产品策略，提供符合市场需求的农产品。

因此，制定一套有效的农产品电子商务营销推广策略显得尤为重要。这就要求做到对农产品电子商务市场趋势的准确把握、对消费者行为的深入了解以及对竞争对手状况的全面分析。

项目探索

任务一　了解农产品电子商务营销推广

一、农产品电子商务营销推广概述

农产品电子商务营销推广需要通过互联网平台实现对农产品的宣传和销售等一系列活动。这些活动旨在提高农产品的市场知名度、拓宽销售渠道、增加销售额，并最终提升农产品品牌的价值。

（一）农产品电子商务营销推广的概念及相关理论

1. 农产品电子商务营销推广的概念

农产品电子商务营销推广是指在现代信息技术尤其是互联网技术的支持下，通过电子商务平台和网络营销手段，将农产品从生产者手中直接或间接传递给消费者的经营活动。

农产品电子商务营销推广涵盖了农产品的在线展示、交易、支付、物流配送以及售后服务等一系列过程，旨在借助电子商务的优势打破地域限制，减少交易环节，降低成本，提高销售效率，扩大农产品的市场覆盖面，打造农产品品牌，满足消费者多元化和个性化的消费需求。

2. 常见的农产品电子商务营销推广理论

（1）4P 营销理论。

4P 营销是市场营销组合的一个经典模型，是由美国营销学家杰罗姆·麦卡锡（E. J. McCarthy）在 20 世纪 60 年代提出的，用来指导企业制定市场营销策略。4P 营销理论主要包括产品（Product）、价格（Price）、渠道（Place）和促销（Promotion）四个关键要素，如图 7-1 所示。

1）产品（Product）。在农产品电子商务中，产品主要指各种农产品，如新鲜蔬果、粮食、畜产品等。产品的质量、包装和品牌等都是影响消费者购买决策的重要因素。

在农产品电子商务营销推广过程中，产品策略的关键在于提供高品质、有特色的农产品，以满足消费者多样化的需求，并在此基础上塑造独特的品牌形象，赢得市场的青睐。例如，一些地区的特色水果，可以通过精心选育品种、优化种植技术，确保产品的口感和品质，同时借助包装设计，提升在农产品电子商务中的附加值和吸引力。

2）价格（Price）。价格是指消费者为获取农产品所需支付的成本。合理的定价能够平衡企业的盈利和消费者的购买意愿。企业可以通过市场调研和数据分析，了解消费者的价

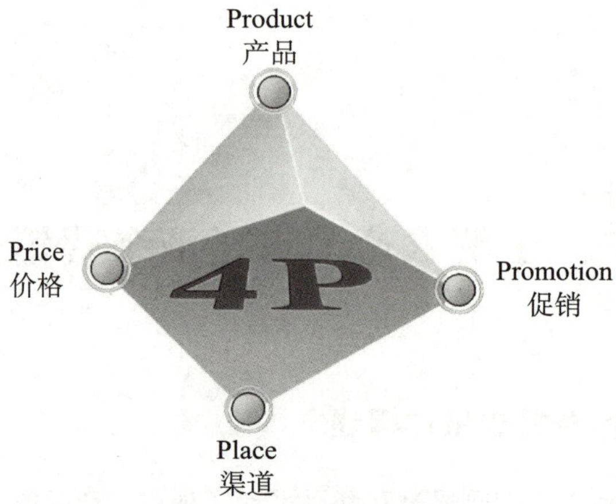

图 7-1　4P 营销理论

格敏感度和购买能力，从而制定更具竞争力的价格。

农产品电子商务价格的制定需要综合考虑成本、市场需求和竞争状况等因素。例如，可以根据产品的品质、稀缺性以及消费者的购买能力来制定价格，同时利用促销活动或会员制度，提供更具吸引力的价格优惠。

3）渠道（Place）。渠道在农产品电子商务中通常指分销渠道的组合，包括农产品从生产者到消费者的整个流通过程，涉及分销渠道、储存设施、运输设施等。农产品电子商务企业需要选择合适的销售渠道，如自建电商平台、与第三方电商平台合作等，以确保产品能够高效地进入目标市场。同时，优化物流配送体系，提高配送效率和服务质量，也是提升消费者购物体验的关键。

在农产品电子商务中，渠道策略的关键在于建立广泛而有效的销售渠道。可以利用电商平台、社交媒体、线下实体店等多种渠道进行销售，同时与物流公司合作，确保产品能够快速、安全地送达消费者手中。

4）促销（Promotion）。促销是指企业利用各种信息载体与目标市场进行沟通的传播活动，包括广告、人员推销、运营推广与公共关系等。在农产品电子商务中，企业可以通过线上广告、社交媒体营销、优惠活动等方式吸引消费者关注，提高产品知名度和销量。同时，与消费者建立良好的互动关系，提供个性化的推荐和服务，也有助于提升消费者满意度和忠诚度。

农产品电子商务的促销可以通过多种方式进行。例如，可以在电商平台上实行限时折扣、满减等促销活动，吸引消费者购买；同时，利用社交媒体平台发布产品信息和优惠活动信息，提高产品的知名度和曝光率。

农产品电子商务的 4P 营销理论是一种综合性的营销策略，需要结合具体的产品和市场环境进行灵活应用。

（2）4C 营销理论。

4C 营销理论是基于传统的 4P 营销理论提出的一种更加以消费者为中心的营销理论，

由美国营销专家罗伯特·劳特朋（R. F. Lauterborn）于1990年提出。4C营销理论主要强调顾客（Customer）、成本（Cost）、便利（Convenience）和沟通（Communication）四个核心要素，如图7-2所示。

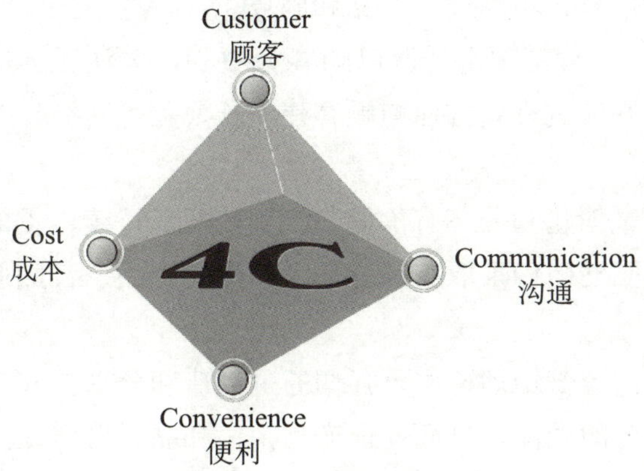

图7-2 4C营销理论

1）顾客（Customer）。顾客要素强调企业应深入了解顾客的需求和期望，将满足顾客的需求放在首要位置。在农产品电子商务中，这意味着企业需要研究顾客的购买习惯、偏好以及对农产品品质、价格、包装等方面的期望。

通过满足顾客的具体需求，企业可以提供更符合市场需求的农产品，进而提升销售额和顾客满意度。农产品电子商务企业应深入了解顾客的需求和期望，提供符合其口味、健康需求或特定文化背景的农产品。例如，某农产品电子商务企业针对健康饮食趋势，推出有机蔬菜宅配服务，满足顾客对健康、新鲜食材的追求。

2）成本（Cost）。成本要素关注的是消费者在购买农产品的过程中所需付出的成本，包括货币成本、时间成本以及精力成本等。农产品电子商务企业应致力于降低这些成本，例如通过优化供应链、提高物流效率来降低产品价格，或者提供便捷的在线购买流程以减少顾客的时间和精力投入。

降低成本有助于提升农产品的竞争力，吸引更多顾客。在农产品电子商务中，除了产品价格，还需考虑其他的购买成本，包括时间、精力等。例如，某农产品电子商务平台通过优化物流体系，实现次日达甚至当日达，降低顾客的等待成本，提升顾客的购买体验。

3）便利（Convenience）。便利要素强调的是为顾客提供便捷的购物体验。通过简化购物流程、提供多样化的支付方式、支持灵活的配送选项以及提供个性化的推荐和服务等，企业可以创造更加便捷的购物环境，满足顾客的即时需求。例如，某农产品电子商务平台支持一键下单、多种支付方式和自选配送时间，极大地提升了消费者购物的便利性。

4）沟通（Communication）。沟通要素强调与顾客进行积极、有效的沟通，建立长期的互信关系。农产品电子商务企业可以通过社交媒体、电子邮件、在线客服等渠道与顾客保持联系，及时解答疑问、处理投诉，并提供有关农产品的信息和优惠活动信息等。良好的沟通可以增强顾客对企业的信任感，提高顾客满意度和忠诚度。例如，某农产品电子商务企业通过社交媒体与顾客互动，分享种植故事、烹饪技巧等，增强品牌与顾客的情感联结，同时收集顾客反馈信息，不断优化产品和服务。

农产品电子商务的4C营销理论强调以顾客为中心，关注顾客的需求和成本，为顾客提供便利的购物体验，并通过有效沟通与顾客建立长期关系。

（3）内容营销理论。

内容营销是一种通过创建和分享有价值、相关性强、持续连贯的内容来吸引和留住明确的目标受众，并最终驱动他们采取有利行动（如购买产品、订阅服务、分享推荐等）的营销策略。

农产品电子商务的内容营销理论主要强调通过创造和分享与农产品相关的有价值的内容，来吸引和保持消费者的关注，进而促进产品销售和品牌发展。

以某有机农产品电子商务平台为例，该平台定期发布关于有机种植技术的文章和视频，让消费者了解有机农产品的生长环境和生产过程，从而增强对产品的信任感。同时，平台还邀请知名厨师分享有机食材的烹饪技巧，吸引美食爱好者的关注，提高购买转化率。此外，该平台还积极与消费者互动，鼓励他们在社交媒体上分享购买有机农产品的体验和心得。这种互动不仅提高了消费者的参与度和忠诚度，还通过口碑传播吸引了更多潜在消费者。

内容营销并不直接推销产品或服务，而是通过提供教育性的、娱乐性的、启发性的内容来建立品牌信誉，美化品牌形象，强化与目标客户的情感联系，进而引导潜在客户进入销售漏斗并转化为忠实客户。

（4）社交媒体营销理论。

社交媒体营销是一种借助社交媒体平台，以在线方式进行品牌建设、产品推广、客户服务、市场调研和用户互动的现代营销策略。这种营销策略旨在利用社交媒体的庞大用户基础、高互动性和即时反馈机制来增强企业的影响力，吸引和保持目标客户群的关注，提高其对品牌的信任度和忠诚度，并最终促进销售。

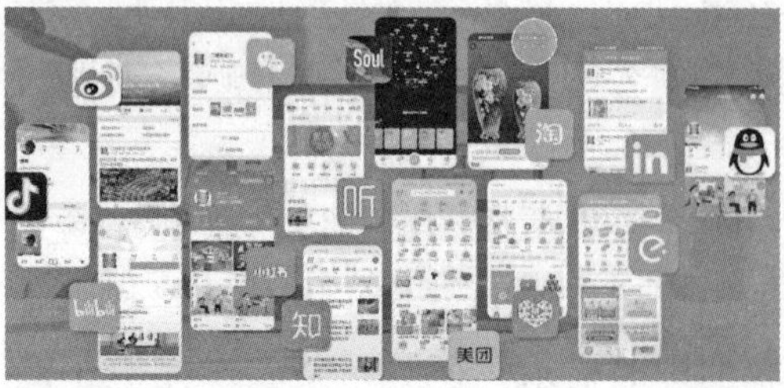

农产品电子商务中的社交媒体营销主要侧重于利用社交媒体平台的特点和优势，进行品牌推广、产品展示、客户互动和销售促进。通过精准定位目标受众，创造有吸引力的内容，农产品电子商务企业能够增强品牌影响力，加深消费者认知，并最终实现销售增长。

以某知名农产品电子商务企业为例，该企业充分利用社交媒体进行营销，在多个平台上建立了官方账号，并定期发布关于农产品种植、加工、烹饪等方面的有趣、有用的内容。这些内容不仅吸引了大量粉丝关注，还通过分享和转发功能提升了品牌曝光度。此外，该企业还积极与消费者互动，及时回复评论、解答疑问，并定期开展线上活动，如抽奖、限时优惠等，激发消费者的参与热情。这种互动不仅加深了消费者与品牌之间的情感联系，还增强了用户黏性和购买意愿。通过社交媒体营销，该企业成功提升了品牌知名度和美誉度，吸引了大量潜在消费者，实现了销售增长。这一案例充分展示了农产品电子商务中社交媒体营销理论的有效性和潜力。

（5）短视频营销理论。

短视频营销是指利用时长短、内容精练、传播速度快的短视频形式，在各类社交媒体平台（如抖音、快手等）上开展的营销活动。

农产品电子商务中的短视频营销主要利用短视频平台的传播优势，通过有趣、生动的内容展示农产品，吸引消费者并激发其购买欲望。该理论强调内容的创意性、互动性和直观性，以及与消费者的情感联结。

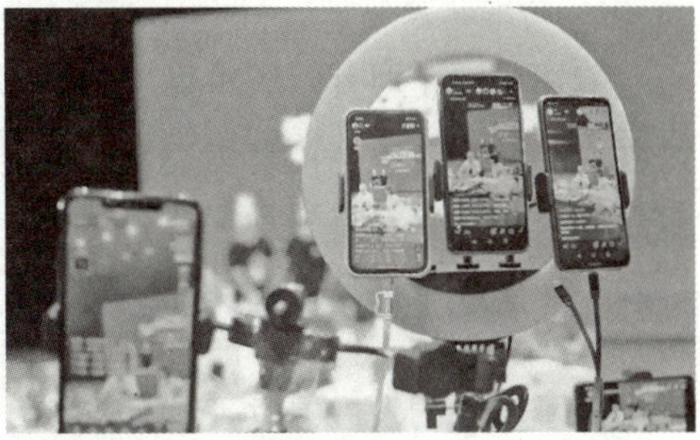

以某农产品电子商务企业营销推广的实际操作为例，该企业在短视频平台上发布了一系列关于农产品种植、采摘、烹饪过程的短视频。这些短视频不仅展示了农产品的生长环境和生产过程，还通过故事化的叙述和有趣的内容，增强了观众的代入感和购买意愿。同时，该企业还利用短视频平台积极与观众互动，回答疑问，分享农产品知识和使用技巧，与消费者建立了紧密的联系。此外，短视频平台的算法推荐机制也帮助企业精准触达目标受众，提高了营销效果。通过短视频营销，该企业成功提高了品牌知名度和销售额，取得了良好的市场效果。

短视频营销是当前农产品电子商务营销领域的热门趋势，对于在短时间内提升品牌形象、扩大市场份额具有显著效果。

（二）农产品电子商务营销推广的特点

农产品电子商务营销推广借助网络平台整合供应链，凸显地域特色与品质保障，利用多样化的网络营销手段，线上线下融合，实现农产品从农田到餐桌的无缝衔接和高效销售。农产品电子商务营销推广主要有以下特点。

1. 直观化营销

农产品电子商务营销推广需要通过互联网进行直观的展示，让消费者能够更清楚地看到产品的品质和特点，减少信息不对称，提高消费者购买决策的效率。例如，某农产品电子商务企业推出“果园直播”活动，通过直播展示水果的种植、采摘和包装过程。消费者可以实时观看，了解产品的真实情况，从而增强了购买的信心。

2. 互动性交流

在农产品电子商务营销推广过程中，企业需要不断地与消费者互动，互动性强的营销方式能够拉近与消费者的距离，建立信任关系，同时也有助于收集消费者反馈，优化产品和服务。例如，某农产品电子商务企业在微信小程序上设置了“问答互动”环节，消费者可以提出关于产品的任何问题，并能得到及时的回复。此外，企业还通过抽奖、互动游戏等方式提升了消费者的参与度。

3. 个性化推荐

农产品电子商务营销推广的个性化推荐能够精准满足消费者的需求，提高消费者满意度和转化率。例如，某农产品电子商务企业根据用户的历史购买数据和浏览行为，为消费者推荐符合其口味和需求的农产品。比如对于经常购买有机产品的消费者，平台会推荐更多有机农产品。

4. 便捷化操作

农产品电子商务营销推广中高效便捷的服务能够提升消费者的购物体验，增强其购物的愉悦感，从而提高消费者的复购率。例如，某农产品电子商务企业提供“一键下单”“次日达”服务，消费者下单后，产品能够快速配送到消费者手中。

5. 精准化决策

农产品电子商务营销推广中的精准化决策能够帮助企业更准确地把握市场趋势和消费者需求，制定更有效的营销策略，提升销售效果。例如，某农产品电子商务企业通过数据分析发现，某款有机蔬菜在特定季节销量大增。基于这一发现，企业加大了对该有机蔬菜的供应力度，并进行了有针对性的营销推广。

在实际应用中，农产品电子商务营销推广的这些特点往往相互交织、共同作用，为农产品电子商务的发展提供了有力支持。

二、农产品电子商务营销推广的规则和方法

（一）农产品电子商务营销推广的规则

农产品电子商务营销推广的规则具体如下。

1. 精准定位与市场细分规则

农产品电子商务营销推广应明确目标消费群体，进行市场细分，并针对不同群体制定个性化的推广策略。例如，某有机农产品电子商务企业针对追求健康生活的都市白领群体推出有机蔬菜宅配服务，通过定制化包装和定期配送，满足这一群体的特定需求。

2. 产品质量与安全保障规则

农产品电子商务营销推广必须确保所售产品的质量和安全，建立严格的质检体系，赢得消费者信任。例如，某经营坚果炒货的电子商务企业通过严格筛选原料、精细加工和多重质检，确保产品质量，从而赢得了消费者的口碑和忠诚。

3. 多渠道营销推广规则

农产品电子商务营销推广可以利用多种线上线下渠道进行营销推广，提高品牌曝光度，扩大品牌影响力。例如，某农产品电子商务企业与社交媒体平台合作，通过直播销售、短视频推广等方式，展示农产品种植、加工过程，吸引大量粉丝关注和购买。

4. 客户体验优化规则

农产品电子商务营销推广应为消费者提供优质的购物体验，包括便捷的购物流程、快速的物流配送和完善的售后服务。例如，某农产品电子商务平台通过优化网站界面、提供

一键购买和快速配送服务，提升了客户体验，从而提高了客户满意度和忠诚度。

5. 数据驱动营销规则

农产品电子商务营销推广应利用大数据分析消费者行为，制定精准的营销策略，提高营销效果。例如，某农产品电子商务企业通过分析用户购买记录、浏览行为等数据，对某款农产品的潜在消费者群体进行了识别，并针对该群体进行精准的广告投放，成功提高了销售量。

6. 信用体系与口碑管理规则

信用体系建设和口碑管理是农产品电子商务长期发展的基础。商家应确保交易的诚信和安全，积极回应消费者的反馈和评价。例如，吉林通榆作为典型的农业大县，积极与电子商务平台合作，建立信用评价体系和口碑管理机制，并通过引入第三方认证机构等方式，提升了交易的透明度和可信度，从而赢得了消费者的信任和支持。

这些基本规则并非孤立存在，而是相互关联、相互支持的。农产品电子商务在实际运营中，应根据自身情况和市场环境，灵活运用这些规则，制定有效的推广策略，以实现可持续发展。

（二）农产品电子商务营销推广的方法

农产品电子商务营销推广的方法多种多样，以下是几种常用的营销推广方法。

1. 社交媒体营销方法

利用社交媒体平台（如微信、微博、抖音等）发布农产品信息和推广活动信息，与消费者互动，提升品牌知名度，增强用户黏性。例如，某农产品电子商务企业在微博上开设官方账号，定期发布农产品的种植、加工过程，以及烹饪教程等短视频内容，同时积极与用户互动，不仅吸引了大量粉丝关注，还提高了产品销量。

2. 内容营销方法

通过撰写微博、发布新闻稿、制作视频等方式，提供有价值的农产品知识、行业动态和烹饪技巧等内容，吸引潜在客户的关注。例如，某专注于销售有机农产品的电子商务企业在其官方网站上设立了“健康饮食”专栏，定期发布有机农产品的营养价值、食用方法等内容。这些内容不仅加深了用户对有机农产品的认知，还带动了产品销量的增长。

3. 搜索引擎优化（SEO）方法

通过优化网站结构、关键词布局等方式进行搜索引擎优化，提高农产品电子商务企业或网站在搜索结果中的排名，从而提高曝光率。例如，某农产品电子商务企业针对其主要产品“新鲜猕猴桃”进行了搜索引擎优化，通过优化网站结构、发布高质量的猕猴桃相关内容，使其在搜索结果中的排名大幅提升。这不仅提高了品牌知名度，还带来了大量潜在客户。

4. 整合推广方法

与其他电子商务平台、社交媒体平台或相关企业进行合作，共同推广农产品，扩大市场份额。例如，一家农产品电子商务企业与某知名电子商务平台达成合作，共同举办“农产品嘉年华”活动。活动期间，双方通过联合推广、优惠促销等方式，吸引了大量消费者参与，实现了互利共赢。

5. 体验式营销方法

通过组织线下体验活动，让消费者亲身感受农产品的品质和特色，从而增强购买意愿。例如，某农产品电子商务企业举办“农场一日游”活动，邀请消费者参观农场，体验农产品的采摘、加工过程。消费者在现场品尝到新鲜、健康的农产品后，纷纷下单购买，并成为企业的忠实客户。

6. 跨界合作方法

与其他行业或品牌进行联名合作，共同推出特色农产品，扩大品牌影响力。例如，一家农产品电子商务企业与某知名咖啡品牌合作，推出联名款咖啡豆。这款咖啡豆是来自特定产区的优质咖啡豆，经过精心烘焙而成，具有独特的风味和较高的品质。通过联名合作，双方的品牌都得到了曝光和推广，吸引了更多消费者的关注。

7. 社群营销方法

通过建立社群或加入相关社群，与消费者建立紧密的联系，进行产品推广和互动。例如，某农产品电子商务企业在微信、QQ 等社交平台上建立社群，邀请消费者加入。社群内定期发布农产品知识、优惠活动等信息，同时鼓励消费者分享自己的购买体验和烹饪心得。通过社群营销，企业不仅加强了与消费者的互动，还提高了品牌知名度，增强了用户黏性。

8. 短视频营销方法

利用短视频平台（如抖音、快手等）发布农产品相关的短视频内容，吸引消费者关注和购买。例如，某农产品电子商务企业在抖音平台上开设账号，发布关于农产品种植、加工、烹饪等过程的短视频。这些视频内容生动有趣，吸引了大量用户点赞和分享。同时，企业还在视频中植入购买链接，方便用户直接下单购买。

9. 直播营销方法

利用直播平台进行农产品展示和销售，通过主播的实时互动和演示，吸引消费者关注，增强其购买意愿。例如，某农产品电子商务企业邀请知名主播在直播平台上进行农产品直播销售。主播详细介绍了农产品的种植过程、品质特点以及烹饪方法，与观众进行实时互动，解答疑问。通过直播营销，该企业的农产品销量大幅增加，品牌影响力也得到了提升。

10. 优惠券与促销活动方法

在农产品电子商务平台上发布优惠券、打折促销等营销活动信息，刺激消费者的购买欲望，提高转化率。例如，某农产品电子商务企业在重要节日或季节转换时，推出限时优惠券和促销活动，如在中秋节期间推出购买月饼满额即送农产品的活动。这种促销活动不仅吸引了大量消费者参与，还提高了客单价和复购率。

11. 口碑营销方法

通过用户评价和口碑传播，提升消费者对农产品的信任度，增强其购买意愿。例如，某农产品电子商务企业鼓励用户在购买后进行评价和分享，并对优质评价给予一定的奖励。这些真实的用户评价在社交媒体上广泛传播，吸引了更多潜在用户的关注。同时，企业还积极回应消费者的反馈和建议，不断改进产品和服务，进一步提升了口碑效应。

12. 定制化服务方法

根据消费者的需求和偏好，提供定制化的农产品和服务，增强用户黏性，提高购买率。例如，某农产品电子商务企业推出定制化礼盒服务，消费者可以根据自己的喜好选择不同种类和数量的农产品组合成礼盒。这种定制化服务不仅满足了消费者的个性化需求，还提升了产品的附加值和市场竞争力。

以上这些方法在实际操作中可以根据具体情况进行灵活组合和调整，以达到最佳的营销推广效果。同时，随着市场环境的变化和新技术的发展，农产品电子商务营销推广的方法也将不断创新和完善。

集思广益

讨论一下：农产品电子商务营销推广的关键因素是什么？

运营故事

营销出“奇兵”：“电商+”做起来，线上线下串成链

包装好的蓝莓果干、罐装蓝莓汁、玫瑰手工皂、花茶、青梅果……在溧幸传媒有限公司的直播间里，溧水“五梅（莓）”系列产品琳琅满目。“和城市的电商不同，农村电商销售的主要是当地的农产品，而农产品有季节性强、保质期短等特点，有些采摘下来一两天就坏了。”在陈龙飞看来，只为田间的农产品带货远远不够，依托于溧水区无想田园区域公用品牌，直播间销售起加工生产的农货产品，串起了一条从田间地头到加工生产再到直播销售、物流运输的产业链条。

除此之外，陈龙飞的传媒公司还是抖音本地生活服务商。“这段时间我们在直播间卖草莓券，市民可以凭券到草莓基地直接兑换，这样不仅可以带动草莓的销售，还可以吸引更多人走进溧水。”这段时间，他正忙着准备溧水区即将举行的电商直播大赛，他计划和草莓种植大户合作，采用“电商+”的方式，让消费者到田间地头去体验采摘，以此带动溧水区域的旅游、农家乐、商业消费等多业态发展。

资料来源：黄琳燕．江苏南京：农村电商“乘风起”，插上“云翅膀”打开“新市场”．(2024-03-30)［2024-11-08］．http://www.njdaily.cn/news/2024/0330/5565509228927089356.html.

【分析提示】

溧幸传媒有限公司通过创新的销售模式和多元化的发展战略，有效地推动了农产品的销售和地方经济的发展。这种做法不仅有助于提升农产品的价值，还能够带动相关产业的发展，为农村经济注入新的活力。

任务二 实施农产品电子商务营销推广

一、农产品电子商务营销推广的策略

（一）农产品电子商务营销推广策略的选择

农产品电子商务营销推广策略的选择需要根据产品定位、目标受众、市场环境和竞争态势等多个因素进行综合考虑。下面我们通过具体的案例，来了解农产品电子商务营销推广的基本策略及其应用。

1. 精准定位策略

例如，某山区特色农产品电子商务企业专注于销售当地的高山茶叶。该企业明确自身定位，针对茶叶爱好者和对健康饮品有需求的消费者群体，通过线上推广和线下体验活动相结合的方式，成功打造出了具有地域特色的农产品品牌。

分析：通过精准定位，企业能够集中资源满足特定消费者的需求，从而在激烈的市场竞争中脱颖而出。

2. 品质保障策略

例如，某主营有机农产品的电子商务企业在营销策略上特别注重品质保障。该企业严格筛选供应商，确保产品从种植到加工都符合有机标准，并通过第三方认证机构进行质量认证。同时，企业还提供详尽的产品信息和质量追溯服务，让消费者能够放心购买。

分析：品质是农产品电子商务的核心竞争力之一。通过品质保障策略，能够赢得消费者的信任和忠诚，从而实现长期稳定的销售增长。

3. 社交媒体推广策略

例如，某农产品电子商务企业利用微博、微信等社交媒体平台，开展了一系列营销活动。该企业通过发布有关农产品种植、加工过程的短视频和图片，吸引消费者的关注；同时还邀请网红和关键意见领袖（KOL）进行产品试用和推荐，扩大品牌影响力。

分析：社交媒体具有传播速度快、互动性强等特点，是农产品电商进行品牌推广和营销的重要渠道。通过精心策划的社交媒体营销活动，能够快速提升品牌知名度和美誉度。

4. 跨界合作策略

例如，某农产品电子商务企业与一家知名餐饮企业合作，共同推出以当地特色农产品为原料的菜品。通过合作，该企业农产品得以借助餐饮企业的品牌影响力和销售渠道，快速扩大市场份额；同时，餐饮企业也获得了独特且优质的食材供应，提升了菜品的品质。

分析：通过跨界合作，能够实现资源共享和优势互补，有助于农产品电子商务企业在激烈的市场竞争中找到新的增长点。

农产品电子商务营销推广策略的选择需要根据实际情况进行灵活调整和创新。通过精准定位、品质保障、社交媒体推广和跨界合作等策略的组合运用，能够有效提升农产品电子商务品牌的影响力和市场竞争力，实现可持续发展。同时，农产品电子商务营销推广的策略需要结合产品特性、目标市场、技术支持和用户需求不断进行创新和调整，以适应瞬息万变的电子商务市场环境。

（二）农产品电子商务营销推广策略的全过程实施

下面我们举一个例子，来说明农产品电子商务营销推广策略的全过程实施方法。

近年来，随着人们生活水平的提高和健康意识的增强，消费者对于高品质、有特色农产品的需求日益增长。云南高原地区以其独特的地理环境和气候条件，孕育出了众多鲜美、营养丰富的特色水果，深受消费者喜爱。然而，由于地域限制和销售渠道不畅，这些特色水果往往难以走出云南，被更多人所知。

在这样的背景下，某电商平台看到了云南高原特色水果的巨大市场潜力，决定通过电子商务的方式将其推向全国市场。该电商平台拥有庞大的用户基础和先进的营销技术，通过精准的市场定位和创新的营销策略，能够迅速打开市场，满足消费者的需求。

同时，随着电子商务和物流技术的快速发展，线上购买农产品的便利性得到了极大的提升。消费者可以通过电商平台随时随地浏览和购买特色水果，享受便捷的购物体验。而冷链物流技术的不断进步，也为特色水果的保鲜运输提供了有力保障，确保消费者能够品尝到最新鲜、最原汁原味的水果。

该电商平台销售云南高原特色水果是消费者对高品质农产品需求的增长、云南高原特色水果巨大的市场潜力以及电子商务和物流技术的快速发展等多方面因素共同作用的结果。通过精准的营销策略和专业的运营手段，该电商平台成功地将这些特色水果推向全国市场，实现了品牌运营与产品销售的双重提升。

从该电商平台销售云南高原特色水果的背景来看，其农产品电子商务营销推广策略的应用和实施过程如下。

1. 市场细分与定位

经过市场调研，该电商平台将目标受众定位为追求健康、崇尚绿色生活、喜爱尝试地方特色水果的城市白领和家庭主妇群体，将云南高原特色水果定位为纯天然、无污染、富含微量元素的高品质水果，打造“来自云巅之上的甜蜜馈赠”这一品牌形象，如图 7－3 所示。

图 7－3　云南高原特色水果的品牌形象

2. 电商平台优化

该电商平台设立“云南高原特色馆”（见图 7-4），每种水果都配有详尽的产品描述、产地直采实拍图片及视频介绍，突出原生态生长环境和严格的品质把控。采用虚拟现实（VR）全景技术，让用户在线上就能“走进”果园，提升购买体验。

图 7-4　云南高原特色馆

3. 内容营销与社交推广

该电商平台制作了一系列记录果农辛勤耕作、果实成熟过程的纪录片，通过抖音、小红书等社交平台进行传播，引发消费者的情感共鸣和话题讨论。邀请美食博主和知名主播进行直播带货，现场试吃，让消费者了解水果的口感和食用方法，带动产品热销。

4. 搜索引擎优化（SEO）与搜索引擎营销（SEM）策略

对“云南水果”“高原特色水果”等关键词进行搜索引擎优化，提高网站在搜索结果中的排名。在百度、搜狗等搜索引擎中投放关键字广告，针对目标地区的消费者进行精确推广。

5. 线上线下联动

开展“线上下单、线下指定门店自提”服务，在吸引实体店客流的同时，也为线上用户提供便捷的提货方式。定期举办“云南水果文化节”，通过线下的品尝会、采摘体验等活动，引导参与者回流线上进行二次购买。

6. 会员营销与 CRM

推出会员积分系统，消费越多积分越多，积分可用于抵扣现金、兑换礼品或参加会员专属活动，以此提高用户复购率。利用 CRM 系统进行数据分析，有针对性地推送新品上市、优惠促销等消息，提高用户活跃度和转化率。

7. 冷链物流保障

与顺丰冷运等知名物流公司合作，采用冷藏车、保温箱等专业设备，确保水果在运输过程中始终保持新鲜品质。

8. 品牌故事传播

打造“每一颗果子都是大自然的恩赐”品牌故事，通过媒体、官方网站和社交平台进行广泛传播，强化品牌影响力。

（三）农产品电子商务营销推广策略优化及渠道拓展

1. 农产品电子商务营销推广策略优化

农产品电子商务营销推广策略的优化是一个持续的过程，需要不断根据市场反馈和消费者需求进行调整与改进。农产品电子商务营销推广策略的优化方法主要有以下几种：

（1）优化用户体验与增强互动性。通过优化用户体验与增强互动性，能够提升消费者的满意度和忠诚度，从而提高复购率，促进口碑传播。例如，某农产品电子商务平台原先仅提供基础的购物功能，消费者体验较为单一。为了优化用户体验，平台增加了在线客服系统，提供实时咨询服务，及时解答消费者疑问。同时，平台还引入了社区功能，让消费者能够分享购买心得、交流烹饪技巧，增强了互动性。

（2）精准营销与个性化推荐。通过精准营销与个性化推荐，能够更准确地把握消费者需求，提供有针对性的产品和服务，从而提升营销效果和销售业绩。例如，某农产品电子商务平台起初采用的是广泛的广告宣传策略，效果不佳。为了提升营销效果，平台开始收集并分析用户的购物数据，利用大数据分析技术进行精准营销。根据用户的购买历史和浏览行为，平台向用户推送个性化的产品推荐和优惠信息，提高了营销转化率。

（3）创新营销手段与跨界合作。通过创新营销手段和跨界合作，能够为农产品电子商务带来新的增长点。通过与不同行业合作，可以拓展销售渠道，提升品牌知名度，实现资源共享和互利共赢。例如，某农产品电子商务企业为了打破传统销售模式，尝试与旅游公司合作，推出“农产品＋旅游”体验项目。消费者在购买农产品的同时，还能享受到乡村旅游的乐趣，从而提升了产品的附加值。这种创新营销手段吸引了大量消费者的关注，带动了农产品销售的增长。

（4）持续的品质提升与品牌建设。品质是农产品电子商务的生命线，而品牌建设则是提升竞争力的关键。通过持续的品质提升和品牌建设，农产品电子商务能够树立良好的企业形象和产品形象，赢得消费者的信任和忠诚。例如，一家主要销售有机蔬菜的电子商务企业，始终注重产品品质和品牌建设。该企业不仅严格筛选供应商、把控生产过程，还定期对产品进行质量检测和认证。同时，企业还积极开展品牌宣传活动，提升消费者对有机蔬菜的认知度和信任度。通过持续的品质提升与品牌建设，该企业在激烈的市场竞争中脱颖而出，赢得了消费者的青睐。

2. 农产品电子商务营销推广渠道拓展

农产品电子商务营销推广渠道拓展主要有以下几种方法：

（1）多元化电商平台入驻。农产品电子商务企业可以入驻多个电商平台，如淘宝、京东、拼多多等，以扩大销售覆盖面。同时，自建官方网站或 App 也是一种有效的渠道，便于进行品牌展示和产品推广。

（2）拓展社交媒体与直播营销。利用微博、微信、抖音等社交媒体平台，发布农产品种植、加工、烹饪等相关内容，吸引消费者关注。直播销售农产品已成为一大趋势，通过直播互动，可以直观地展示产品特点，增强消费者的购买意愿。

（3）通过线下体验店与农旅结合拓展渠道。在城市或景区开设农产品线下体验店，让消费者能够亲自品尝和了解产品。同时，结合乡村旅游，推出农产品采摘、农家乐等体验项目，拓展销售渠道。

（4）跨界合作与品牌联名。与其他行业进行合作，如与餐饮企业合作推出特色农产品菜品，与旅游公司合作推出农产品旅游线路等。此外，与知名品牌进行联名合作，可以快速提升农产品知名度和市场影响力。

（5）建立合作伙伴关系。与物流公司、金融机构、科研机构等建立合作伙伴关系，共享资源、互利共赢，共同推动农产品电子商务的发展。也可以建设农村电商服务站与合作社，为农民提供农产品上行服务，帮助他们将产品销往全国乃至全球市场。同时，还可以通过成立农产品合作社，整合农民资源，统一品牌、标准和销售，提升市场竞争力。

（6）拓展跨境电商与国际市场。利用跨境电商平台，将农产品销往海外市场。了解目标市场的需求和法规，进行有针对性的产品开发和营销策略制定，有助于农产品在国际市场上取得成功。

农产品电子商务营销推广渠道拓展的这些方法并不是孤立的，农产品电子商务企业可以根据自身资源和市场需求，综合运用多种策略进行营销推广渠道拓展。同时，通过不断创新和优化渠道，使农产品电子商务可以更好地满足消费者需求，实现可持续发展。

集思广益

你还知道哪些农产品电子商务营销推广渠道拓展的方法？

二、农产品电子商务营销推广创新

随着互联网技术的不断发展和消费者购买习惯的转变，农产品电子商务营销推广正迎来前所未有的创新机遇。传统的农产品销售模式受到地理和信息不对称等因素的限制，而现代电子商务营销则打破了这些限制，为农产品的市场拓展提供了新的途径。

（一）农产品电子商务营销推广创新的方式

1. 技术创新

技术创新是农产品电子商务营销推广创新的基础。农产品电子商务营销推广的技术创新体现在多个方面，这些创新不仅提高了农产品销售的效率，还提升了消费者的购物体验。

例如，大数据技术的应用使企业对消费者行为的分析更加精准，可以帮助企业了解消费者的偏好和需求，从而制定更有针对性的营销策略。人工智能和机器学习技术的引入，可以优化产品推荐系统，提升用户的购物体验。区块链技术的应用实现了农产品的可溯源，增强了消费者对农产品质量的信任。移动支付和互联网金融服务的发展简化了交易流程，为消费者提供了便捷的支付方式，促进了消费意愿的提升。

2. 模式创新

农产品电子商务营销推广的模式创新主要体现在多元化的销售方式、个性化的消费者体验以及深入的产业链整合等方面。这些创新模式不仅拓宽了农产品的销售渠道，提高了销售效率，还提升了消费者的购物体验，促进了农产品的品牌化和产业化发展。

例如社交电商模式创新，企业可以借助社交媒体平台，将农产品销售与社交互动相结合，通过用户的分享、点赞、评论等行为，提高农产品的曝光度和影响力。如某农产品品牌在微信小程序上开设店铺，并利用微信朋友圈、公众号等渠道进行宣传推广。消费者可以在小程序内浏览和购买农产品，同时分享自己的购买心得和农产品使用体验，从而吸引更多潜在消费者。

再如预售模式创新，其创新点是企业可以在电商平台上发布农产品预售信息，根据预售情况组织生产和配送，降低库存风险，提高销售效率。如某农产品品牌在电商平台上发布应季水果的预售信息，并设置一定的优惠。消费者可以提前下单购买，品牌方根据预售数量组织采摘和配送，确保产品新鲜度，从而提升消费者满意度。

此外，社区团购模式（见图 7－5）的兴起也是一个很好的例子。它通过线上下单、线下配送的方式，结合社区的地理优势和社交网络，实现了农产品的快速流通。

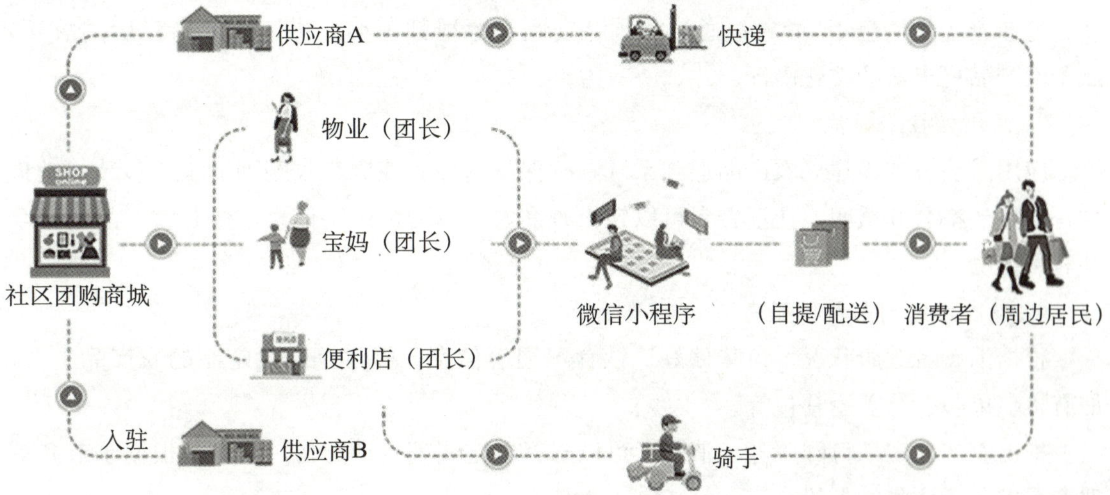

图 7－5　社区团购模式

3. 营销手段创新

营销手段的创新体现在多渠道整合营销上。通过社交媒体、短视频平台、直播等新兴渠道，农产品电子商务企业能够以更加生动形象的方式展示产品，与消费者建立情感联结。例如，通过直播带货可以实时展示农产品的生产过程和品质，提高透明度和可信度。内容营销也是一个重要的创新点，通过撰写有关农业知识、健康生活的文章或制作相关视频，可以吸引目标消费群体，提升品牌的专业形象。

此外，个性化营销也越来越受到重视。通过对消费者数据的分析，企业可以为不同的消费群体提供定制化的产品组合和促销信息，从而提高转化率。同时，互动营销也逐渐成为一大趋势，通过在线问答、游戏互动等方式，可以提高用户参与度，进而提升其对品牌的忠诚度。

总之，农产品电子商务营销推广的创新是一个多元化、综合性的过程。它需要企业不断探索和实践，结合最新的技术、市场趋势和消费者需求，不断创新营销策略和手段。通过这些创新，农产品电子商务可以更好地服务于消费者，同时也能为农业产业的升级和可持续发展提供强有力的支持。

（二）农产品电子商务营销推广创新的方法

在农产品电子商务营销推广的创新实践中，大数据、物联网、人工智能等高科技的应用催生了很多新颖且实用的方法。

1. 智能农业与虚拟现实体验

利用智能农业技术采集和分析农作物生长数据，通过虚拟现实（VR）或增强现实（AR）技术让消费者亲身体验种植、采摘过程，加深消费者对农产品的认知和信任。

2. 直播电商与网红合作

创新采用直播带货形式，邀请网红、名人或行业 KOL 深入田间地头，进行实时直播销售，让农产品通过接地气的互动方式直达消费者。

打造农产品特色 IP 形象，通过漫画、动画、短视频等形式讲述农产品背后的故事，赋予农产品更丰富的文化内涵。

3. 区块链技术赋能

应用区块链技术建立农产品追溯系统，确保从播种、施肥、收割到加工、包装、销售的每个环节都公开透明，让消费者可以轻松查询农产品的全链路信息，提升农产品的安全性和可信度。

4. 个性化定制与订阅服务

根据消费者健康状况、口味偏好、饮食习惯等信息，提供个性化定制的农产品组合，如有机蔬果包、营养膳食包等。

推出农产品定期订阅服务，消费者可以选择固定周期自动配送，企业可根据季节和消费者需求灵活调整产品组合。

5. 社交电商与社群营销

开展以农产品为主题的社区团购，通过微信群、小程序、App 等组织团购活动，利用社群内部的口碑传播和社交网络的裂变效应促进销售。

创新社群运营模式，通过开展线上种植比赛、农产品知识问答等活动，提高用户活跃度和忠诚度。

6. 线上线下深度融合

建立“线上预订＋线下体验”新模式，消费者可在电商平台上下单购买，然后在指定线下体验店亲自提取，或通过无人值守智能柜自提，实现无缝衔接。

7. 可视化营销

农产品电子商务的可视化营销是一种创新的营销方式，它主要依赖互联网、物联网、云计算及现代视频技术，将农作物或牲畜的生长过程、管理模式以及加工手段等以直观、生动的形式展示给消费者。这种营销方式有助于提升消费者对农产品的信任感，增强消费者的购买意愿，从而促进农产品的销售。

具体来说，可视化营销通过实时拍摄、直播、短视频等方式，让消费者能够直观地了解农产品的生长环境、种植过程、品质特点等，如图 7－6 所示。这不仅提高了农产品生产过程的透明度，也增强了消费者与农产品生产者之间的互动和联系。同时，可视化营销还可以结合社交媒体、电商平台等渠道，进行广泛的传播和推广，吸引更多的潜在消费者。

图 7－6　可视化营销场景

8. 内容营销

农产品电子商务的内容营销侧重于创建和分发有价值且与农产品相关的内容，以吸引和留住目标受众，并最终推动销售。这种营销方式不仅能够提升农产品的知名度和品牌形象，还能增强消费者与品牌之间的情感联结。

在实施内容营销时，农产品电子商务企业或商户可以利用各种形式的内容，如文章、图片、视频等，来展示农产品的生长过程、品质特点、营养价值以及烹饪方法等信息，如图 7－7 所示。这些内容应该具有教育性、娱乐性和吸引力，能够激发消费者的兴趣并引导他们做出购买决策。

内容营销中较常用的一种形式是故事化营销，即讲述农产品背后的故事，如产地文化、种植历史、农户经历等，提升产品的文化和情感价值。

通过以上营销推广创新的方法，农产品电子商务可以跨越地域、时间的限制，深度连接消费者，提升农产品品牌形象，拓展更广阔的市场，引领农业产业走向现代化、信息化和可持续发展之路。

图 7-7　内容营销场景

集思广益

说一说可视化营销对农产品电子商务销售的影响。

运营故事

“绿源田园”的创新营销策略

“绿源田园”是一个专注于销售有机农产品的品牌，该品牌为了提升品牌影响力和增强消费者信任，采取了创新的营销策略。

1. VR 体验农场

“绿源田园”开发了一款 VR 应用，用户下载后可以虚拟参观其有机农场，了解作物种植环境、有机肥料的使用以及无农药管理等全过程。这种沉浸式体验既增强了消费者对产品的信任，也增加了购物的乐趣。

2. 直播带货与 IP 塑造

该品牌邀请知名美食博主作为品牌代言人，在农田现场进行直播，直接展示采摘过程，并分享如何用“绿源田园”的农产品制作美味佳肴。同时，品牌还创建了一个可爱的卡通 IP 角色“小绿农”，通过一系列动漫故事传达品牌理念，打造深入人心的品牌形象。

3. 区块链溯源

“绿源田园”的每件农产品上都附有二维码标签，消费者扫描后可进入区块链追溯平台查看该产品的生产日期、产地、种植者信息、检测报告等全程记录，实现食品安全可视化。

4. 个性化订阅服务

提供“一周五色蔬菜篮”个性化订阅服务，每周为客户搭配不同种类、颜色各异的有机蔬菜，满足消费者营养均衡的需求，并根据季节变化和客户反馈动态调整产品内容。

5. 线上线下融合

客户可以通过“绿源田园”官方网站或手机App在线选购商品，然后选择在城市内的合作生鲜超市或专门设立的自提点取货，实现了线上便捷购买和线下即时体验的完美结合。

【分析提示】

通过这些创新营销手段，“绿源田园”不仅提升了品牌自身的影响力，也促进了农产品的高效流通和销售，成功吸引并留住了一批注重健康生活品质的忠实消费者。

项目总结

本项目重点探讨了如何通过电子商务平台实现农产品的有效营销推广。农产品电子商务营销推广的核心在于利用现代技术手段，结合市场分析和消费者洞察，制订出一套科学严谨且贴近现实的营销计划，并不断地改进和提升营销推广手段，实现农产品电子商务的有效提升和发展。

项目检测

一、单项选择题

1. 在农产品电子商务营销推广中，以下哪个选项不是搜索引擎优化的目的？（　　）

A. 提高网站排名　　B. 提高产品价格

C. 提升网站流量　　D. 改善用户体验

2. 在农产品电子商务营销推广中，社交媒体营销的主要作用是什么？（　　）

A. 提供产品安装服务　　B. 增加线下交易机会

C. 建立与消费者之间的互动关系　　D. 收购其他公司

3. 数据驱动的营销决策主要依赖于什么？（　　）

A. 个人直觉　　B. 行业传言

C. 数据分析和市场调研　　D. 营销经验

二、简答题

1. 简述内容营销在农产品电子商务营销推广中的作用。

2. 简述农产品电子商务营销推广的规则。

3. 简述农产品电子商务营销推广的策略。

三、论述题

1. 论述多渠道整合营销对农产品电子商务营销推广的重要性。
2. 讨论个性化营销在促进农产品销售中的作用。
3. 分析社区团购模式在农产品电子商务中的应用及其优势。

项目延伸

通过在互联网上搜索，寻找一个农产品电子商务营销推广的成功案例，对这个案例的成功之处加以分析，写一篇不少于300字的心得。

项目八
农产品电子商务物流管理

素养目标

1. 通过团队合作，共同探索农产品电子商务物流的问题及对策，培养团队精神；
2. 具备创新思维，能够针对农产品电子商务物流中的问题提出创新的解决方案。

知识目标

1. 了解农产品电子商务物流管理的基础流程；
2. 掌握农产品电子商务物流运营基本操作的要点。

能力目标

1. 能够区分农产品电子商务物流的相关概念；
2. 具备解决农产品电子商务物流问题的能力。

背景知识

农产品具有易腐、季节性强、保质期短等特点，这些特性对物流管理提出了更高的要求。传统的物流体系往往难以满足农产品在运输、储存过程中的特殊需求，导致产品损耗率高、品质下降等问题。

同时，随着消费者对农产品品质和安全性要求的提升，农产品的追溯体系和质量控制变得尤为重要。这就要求农产品电子商务物流不仅要注重效率和成本控制，还要确保农产品的质量和安全，满足消费者对健康生活的追求。

农产品电子商务物流管理的核心目标是通过建立高效、可靠、可追溯的物流体系，来提升消费者的线上购买体验，减少物流损耗，提高农产品的市场竞争力。这不仅有助于农产品生产者和销售商拓展市场，增加收入，也有助于消费者获得更优质的农产品和更便捷的服务。

项目探索

任务一 认知农产品电子商务物流管理

一、农产品电子商务物流管理概述

（一）农产品电子商务物流的相关概念

1. 农产品电子商务物流

农产品电子商务物流是指在农产品生产和销售过程中，运用电子商务技术和工具，对农产品进行信息收集、产品选择、订单处理、包装、储存、运输和配送等一系列活动。

农产品电子商务物流将农产品的生产、加工、销售等环节有机结合起来，涵盖了农产品从田间地头到消费者餐桌的整个过程，涉及农产品的采购、储存、加工、包装、运输、销售等多个环节。在这些环节中，需要运用现代信息技术和网络通信技术，实现物流信息的快速传输与共享、物流作业的标准化与自动化、物流服务的个性化与高效化。

2. 农产品物流信息化

农产品物流信息化是指利用现代信息技术、信息平台和信息装备等手段，对农产品的生产、采购、运输、储存、加工、销售等物流全过程进行信息的采集、交换、传输和处理。其目的在于实现农产品供应链中各环节的有效协调与无缝对接，构建高效、快速且成本较低的农产品物流体系，从而满足经济社会发展的需求。

具体来说，农产品物流信息化涉及以下几个方面：

（1）信息采集与交换。

通过应用条形码、射频识别（RFID）等技术，对农产品的生产、库存、销售等信息进行实时采集和更新。同时，利用电子数据交换（EDI）等技术，实现农产品供应链各方之间的信息实时共享和交换。

（2）运输与仓储管理。

利用全球定位系统（GPS）、地理信息系统（GIS）等技术对农产品的运输过程进行实时监控，确保农产品运输过程的安全性和时效性。同时，通过智能化仓储管理系统，实现对农产品库存的精确控制和优化。

（3）加工与销售追溯。

在农产品加工和销售环节，利用信息化手段实现产品质量追溯，确保农产品来源的质量和安全。同时，通过电子商务平台、社群等，拓宽农产品的销售渠道，提高农产品的市场竞争力。

农产品物流信息化的实施，不仅能够提高农产品物流的效率和准确性，降低物流成本，还能够提高农产品供应链的透明度和可控性，保障农产品的质量和安全。这些都有助于推动农村经济的发展，促进农民增收。

3. 农产品电子商务供应链

农产品电子商务供应链是指以农产品为核心，通过电子商务平台，将农产品的生产、加工、包装、运输、销售等环节连接成一个整体的功能网链结构。它涉及农产品的生产资料供应商、生产商、公共服务商、电子商务平台、物流公司以及消费者等多个节点，通过控制物流、信息流和资金流，确保农产品从生产者到消费者整个过程的顺畅流通。

信息畅通是供应链管理的基础。为了实现信息的共享和协同，可以构建基于电子商务网站或信息中心的信息网络系统，借助专业技术和政府的力量，将农产品市场信息、供求信息等汇总发布，并与生产基地、批发市场、物流企业等实现信息采集与交换网络的信息共享。

构建高效、协同的农产品电子商务供应链，需要各节点企业之间紧密合作和协调，以确保农产品的质量和安全，提高供应链的整体运营效率。

例如，在生鲜电商的催动下，各类生鲜产品相继从农村走向城市，日益成熟的快递运营和不断完善的高铁、航空、公路货运网络，已经完全可以支撑起由产地到C端消费者之间的直供物流链条，如图8－1所示。

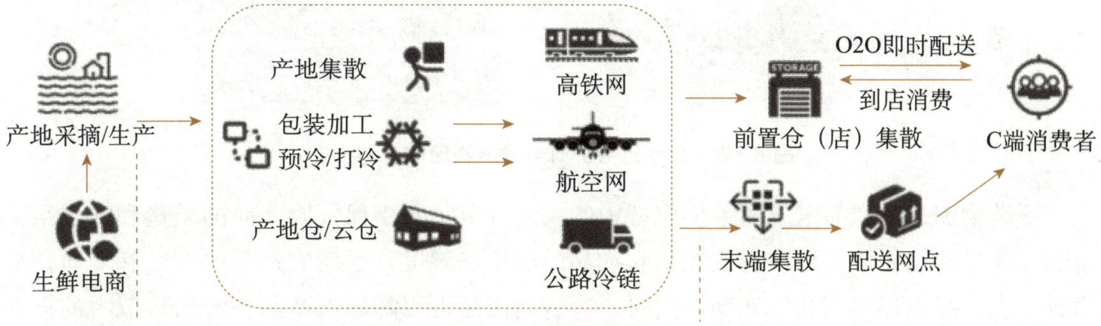

图8－1　生鲜电商直供物流链条

4. 农产品电子商务物流标准化

农产品电子商务物流标准化是指在农产品电子商务活动中，针对物流环节制定一系列统一的技术和工作标准，并依据这些标准对整个农产品电子商务物流系统进行规范和统一的过程。这个过程涵盖了农产品的储存、运输、装卸搬运、包装、配送、流通加工以及信息处理等环节，旨在通过标准化操作，提高农产品物流的效率，降低成本，并确保农产品的质量和安全。

农产品电子商务物流标准化的实施，有助于减少物流环节中的冗余和浪费，优化资源配置，提升农产品供应链的协同性和整体竞争力。同时，标准化操作还可以为消费者提供更加安全、可靠、高效的农产品购买体验，促进农产品电子商务的健康发展。

在实际操作中，农产品电子商务物流标准化需要考虑农产品的特性，如易腐性、季节性等，制定相应的物流标准，以确保农产品在运输和储存过程中的品质和安全。此外，农产品电子商务企业还需要与电子商务平台和物流企业紧密合作，共同推动农产品电子商务物流标准化的实施，为农产品电子商务的快速发展提供有力支持。

5. 农产品电子商务冷链物流

农产品电子商务冷链物流是指在农产品电子商务交易过程中，通过运用先进的制冷技术和物流设备，确保农产品在生产、加工、储存、运输、销售等各个环节始终处于适宜的低温环境下，以保证农产品的品质和安全，减少损耗，提高附加值，最终满足消费者需求的一项系统工程，如图 8－2 所示。

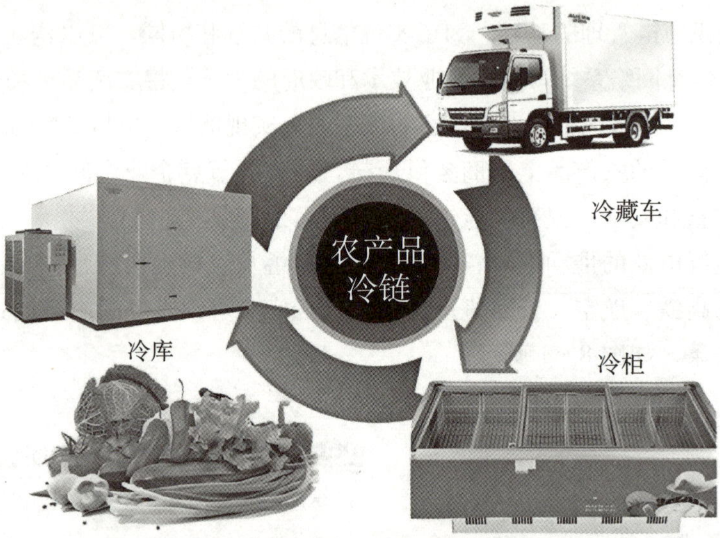

图 8－2　农产品电子商务冷链物流的一种形态

冷链物流是农产品电子商务供应链中的关键环节，对于保证农产品的质量和安全至关重要。通过冷链物流，可以有效控制农产品的温度和湿度，延缓农产品的腐败和变质，从而延长农产品的保鲜期和货架期。同时，冷链物流还可以降低农产品在流通环节中的损耗率，提高整个供应链的效率和经济效益。

农产品电子商务冷链物流管理包括多个方面：

首先，需要对冷链物流设施和设备进行投资与管理，如冷库、冷藏车、保温箱等，确保它们能够满足农产品的储存和运输需求。

其次，需要对冷链物流过程进行严格的监控和管理，包括温度监控、湿度监控、运输时间管理等，以确保农产品在整个物流过程中的品质和安全。

最后，还需要对冷链物流流程进行优化，提高运作效率，降低物流成本，以满足消费者的需求并提高市场竞争力。

在农产品电子商务快速发展的背景下，加强冷链物流管理对于提升农产品品质、保障食品安全、更好地满足消费者需求以及促进农产品电子商务的健康发展具有重要意义。因此，农产品电子商务企业应高度重视冷链物流管理，通过采用先进的技术和管理手段，不断提高冷链物流的管理水平和运作效率。

6. “最后一公里”配送

“最后一公里”配送是物流配送的最后一个环节，指客户通过互联网等电子商务途径购物或个人发送包裹，货物运输到配送点后，物流企业使用一定的运输工具从最近的分拣中心将货物送到客户手中，实现上门服务。这是整个物流过程的末端环节，也是唯一一个直接和客户面对面接触的环节。解决“最后一公里”配送的难题通常需要创新配送模式，例如社区团购、设置自提点、无人机配送等。通过完善“最后一公里”配送，企业能够直接接触到客户，进而分析客户信息，挖掘出其隐藏价值，提供个性化服务。同时，企业的形象、价值文化等也能够通过这一环节进行传播，获得增值效益。

集思广益

试用自己的语言描述一下农产品电子商务物流管理的相关概念，并尝试寻找这些概念对应的现实案例。

（二）农产品电子商务物流的基本要求及特点

1. 农产品电子商务物流的基本要求

农产品电子商务物流需要基于电子化与网络化的信息平台，向消费者进行农产品物资或服务的配送。这包括虚拟商品或服务的网络传送，以及实体农产品或服务的物理传送。

农产品电子商务物流是一种新型的农产品流通模式，它利用电子商务技术和网络平台优化农产品流通流程，提高流通效率，扩大销售市场，为农产品生产者和消费者带来更大的便利与效益。同时，农产品电子商务物流也需要关注农产品的特殊性，确保农产品在流通过程中的品质和安全。

农产品电子商务物流的基本要求可概括为以下几点：

（1）高效与快捷。由于农产品具有新鲜度要求高、保质期短、易损等特点，因此，物流过程中的时间控制和效率成为关键因素。农产品电子商务物流的核心之一就是实现快速、高效的配送，确保农产品在最佳状态下送达消费者手中。

（2）品质与安全。农产品作为食品的一种，其品质和安全性至关重要。在物流过程中，必须确保农产品不受污染、不变质，符合相关的食品安全标准。因此，农产品电子商务物流需要注重品质管理和安全控制，为消费者提供安全、健康的农产品。

（3）成本与盈利。在确保农产品品质和安全的前提下，降低物流成本也是农产品电子商务物流的重要目标。农产品电子商务物流要通过优化物流网络、提高物流效率、降低库存成本等方式，实现物流成本的优化，提高整体盈利能力。

（4）信息化与智能化。随着现代信息技术的快速发展，农产品电子商务物流也在逐步实现信息化和智能化。农产品电子商务物流要通过运用先进的信息系统和智能化设备，实现对农产品物流过程的实时监控、精准预测和智能决策，提高物流的效率和准确性。

（5）客户与服务。农产品电子商务物流的最终目标是满足消费者的需求。因此，企业在物流过程中需要注重客户体验，提供个性化的服务，如准时送达、包装精美等，以赢得消费者的信任和满意。

2. 农产品电子商务物流的特点

（1）物流种类繁多。农产品种类繁多，包括蔬菜、水果、粮食、畜禽产品等，这些不同种类的农产品具有不同的特性和流通要求，使得农产品电子商务物流体系相对复杂。同时，农产品的市场规模庞大，每年都有大量的农产品通过电子商务平台进行交易，从而带来了大量不同的物流需求。

（2）时效性要求高。农产品的新鲜度直接影响其价值和市场需求，因此农产品电子商务物流对时效性的要求非常高。这就要求农产品电子商务物流体系具备高效运作的能力，能够在最短时间内将农产品从生产地送到消费者手中，确保农产品的新鲜度和品质。

（3）安全要求高。农产品作为食品的一大来源，其安全性至关重要。农产品在流通过程中容易变质和受到污染，因此农产品电子商务物流需要严格控制供应渠道，优化运输环境，确保农产品的质量和安全。

（4）信息化程度要求高。农产品电子商务物流充分利用现代信息技术，实现物流信息的实时传递和处理。例如，通过物联网技术，实时监控农产品的温度、湿度等关键指标，确保农产品在运输过程中的质量与安全；通过 GPS 定位、大数据分析等技术手段，实时掌握农产品的运输状态，优化配送路径，提高物流效率。

（5）成本控制严格。农产品电子商务物流对成本的控制非常严格，因为物流成本是影响农产品价格的重要因素之一。企业需要通过优化物流流程、提高物流效率来降低物流成本，从而提高农产品的竞争力。电商平台可以通过集中采购、统一配送的方式降低物流成本，同时与物流公司合作，通过大数据分析等技术优化物流路径，降低运输成本，使农产品价格更具竞争力。

（6）物流网络覆盖要求高。农产品电子商务物流的覆盖范围广泛，不仅涵盖城市，还深入农村甚至是偏远地区。通过建设完善的物流网络，农产品可以快速地从产地送达消费者手中，实现农产品市场的全国化乃至全球化。

（7）服务要求个性化。农产品电子商务物流能够根据消费者的需求提供个性化的服务。例如，电商平台提供定制化的农产品配送服务，消费者可以根据自己的需求选择配送时间、包装方式等。这种个性化的服务方式提高了消费者的满意度和忠诚度。

集思广益

农产品电子商务物流的基本要求和特点是什么？对于这些基本要求和特点，你有什么切身体会吗？

二、农产品电子商务物流管理的基础流程、原则和方法

（一）农产品电子商务物流管理的基础流程

1. 农产品收集

农产品收集是整个物流管理流程的第一步，农产品电子商务企业通常与城市周边的农产品生产基地和农业合作社进行合作，对优质的绿色农产品进行考察并发布到网上，供消费者选择购买。企业一般拥有自己的车队，当需要收集农产品时，会直接派车到生产基地装货，然后运回配送中心。

2. 农产品加工

农产品加工即对收集来的农产品进行必要的加工处理，包括清洗、包装、保鲜、冷藏等。这一步是为了提高农产品的附加值，提升农产品的市场竞争力，也是为了更好地满足消费者对农产品品质和外观的需求。

3. 接收并处理订单

当消费者在网上下单后，企业在后台信息中心对订单进行统计和处理，并根据订单情况安排后续的配送任务。这一步要求企业具备高效的订单处理系统和专业的人员，以确保订单处理的准确性和及时性。

4. 配送

按照处理好的订单和制定的配送任务，安排车辆进行农产品的配送。在配送过程中，既要保证农产品的品质和新鲜度，也要尽量降低配送成本。这需要企业具备完善的配送网络和先进的配送技术。

需要注意的是，农产品电子商务物流管理的基础流程可能因企业规模、产品类型、市场需求等因素的差异而有所不同。但无论如何，以上这些流程都是确保农产品能够高效、安全、快速地流转的关键环节。

（二）农产品电子商务物流管理的原则

1. 时效性原则

由于农产品尤其是生鲜农产品对时效性的要求较高，因此物流必须确保快速响应，减少中间环节，通过高效的干线运输和末端配送网络，保证农产品在最佳食用期内送达消费者手中。

2. 保鲜与安全原则

在物流过程中要采用冷链物流技术，确保农产品在适宜的温度和湿度条件下运输，避免环境因素导致的品质下降。同时，严格遵守食品安全规定，保证全程可追溯，确保农产品从生产到消费的每一个环节都安全可靠。

3. 标准化与规范化原则

农产品电子商务物流需要制定统一的农产品包装标准和规范，通过标准化的包装和装卸操作，减少农产品在物流过程中的损耗，同时便于物流系统的自动化处理和快递公

司的高效分拣。通过推行标准化管理，制定统一的农产品电子商务物流操作规范和服务标准，可以提高物流运作的规范性和一致性，降低操作难度和成本，提升服务质量和客户满意度。

4. 资源整合与协同运作原则

农产品电子商务物流需要整合线上线下资源，与第三方物流公司、仓储服务商、电商平台等紧密合作，实现供应链上下游的无缝衔接；同时应追求高效运作，通过合理的资源配置、科学的流程设计以及先进的技术应用，降低物流成本，提高物流效率。此外，农产品电子商务企业还应注重与上下游企业的协同合作，实现整个供应链的优化。

5. 灵活性与个性化原则

根据农产品的不同特性和消费者的不同需求，农产品电子商务物流应提供定制化的物流解决方案，如定时达、次日达、特定区域优先配送等服务，提升客户满意度。农产品市场易受到季节、天气、政策等多种因素的影响，因此农产品电子商务物流应具备灵活应变的能力，在面临市场变化或突发情况时，能够迅速调整物流策略、优化物流路径、调配物流资源，确保物流运作的稳定性和连续性。

6. 信息化与智能化支撑运作原则

农产品电子商务物流的运营离不开信息化的支撑。农产品电子商务物流应充分利用现代信息技术，如物联网、大数据、云计算等，实现物流信息的实时共享、处理和分析，提升物流运作的智能化水平。农产品电子商务物流还应搭建智慧物流平台，实现实时库存管理、订单调度、路线优化、追踪溯源等功能，提升物流决策的科学性和准确性。

集思广益

农产品电子商务物流管理的原则在实际运作中是如何体现的？试举例说明。

（三）农产品电子商务物流管理的方法

农产品电子商务物流管理的方法多种多样，这些方法旨在提高物流效率、降低物流成本、优化物流服务，以满足日益增长的农产品电子商务需求。农产品电子商务物流管理的方法主要有以下几种。

1. 物流网络优化布局

农产品电子商务物流应构建多层次的物流网络，包括产地集散中心、区域分拨中心、城市配送中心和末端配送网点等，确保农产品能够快速、准确地从产地流向消费者。

2. 冷链物流体系建设

对于生鲜农产品物流，建立完善的冷链物流系统是关键，包括冷藏仓库、冷藏运输车辆、制冷设备等，确保农产品在运输过程中始终处于适宜的温、湿度环境中，最大限度地保持农产品的新鲜度。

3. 订单管理与快速响应

农产品电子商务物流应采用先进的订单管理系统，实时接收、处理和分配电子商务企业和平台的订单信息，实现订单快速响应和准确配送，缩短从下单到交付的时间周期。

4. 标准化包装与规范化装卸

根据农产品的特点，设计和使用标准化的包装材料与方式，减少运输过程中的损耗。同时，规范装卸作业流程，提高工作效率，减少人为损坏。

5. 信息化技术支持

利用物联网、大数据、云计算等技术，实现对物流过程的全程监控和追踪，包括库存管理、订单追踪、温度监控等，确保物流信息透明化和可追溯。

6. 供应链协同

与生产商、供应商、仓储服务商、运输公司等多方合作，共建共享信息平台，实现供应链的高效协同，减少冗余环节，降低成本。

7. 末端配送创新

开展多种形式的末端配送服务，如社区团购、设置自提点、无人机配送等，提高配送效率，降低“最后一公里”的物流成本。

8. 质量监控与风险管理

建立健全农产品质量监控体系，对各物流环节实施严格的质量检测和风险防控，确保农产品品质和安全。

9. 客户服务与售后支持

提供优质的客户服务，包括配送时间通知、订单变更处理、退换货服务等，同时提供完善的售后服务，提高消费者满意度。

通过上述多种方法的综合运用和持续优化，农产品电子商务物流可以确保农产品在流通环节的品质和安全，助力农产品电子商务行业快速发展。

集思广益

试用自己的语言描述农产品电子商务物流管理的方法，并说一说这些方法在现实中是如何体现的。

运营故事

肥东县包公镇：快递进村赋能乡村振兴

2023 年以来，肥东县在试点县域商业体系建设中，将“快递进村”作为一项重要的“民心守护”工程来抓，新建 1 个县级快递物流服务中心，新建、改造 18 个乡镇物流中转站，在安徽省率先实现了所有建制村“村村通快递”，打通了农产品出村进城的“最初一公里”和“最后一公里”。

在肥东县包公镇板桥社区“快递进村”社区服务点，社区居民包先峰正在领取网上购买的有机营养剂。包先峰是社区的种养殖大户，经营着 20 多亩温室大棚草莓和 30 亩养鳖场，所用的农资、农药、种苗大多通过网上购置，可节省不少开支。

如今，在肥东县包公镇，每个社区党群便民服务中心都有一个包裹收集货架，群众从网上购置的东西都送到这里，经社区电商代办员分拣后由包组干部或网格员顺道送到每家每户，群众也可以自行前往领取。

在该镇胜联社区电商直播带货点，社区书记崔明东正在通过直播售卖辖区的包公辣椒酱，工作人员将现场制作的辣椒酱打包，封装贴签处理后发往全国各地。

资料来源：黄燕飞，丁胜．肥东县包公镇：快递进村赋能乡村振兴！．(2024－01－10)［2024－11－08］．http://www.ah.xinhuanet.com/20240110/6a04203f9a2a4f91adbfb86b6fe01dd1/c.html.

【分析提示】

肥东县包公镇“快递进村”工程不仅便利了百姓生活，更成为推动乡村经济多元化发展、促进农民收入增长、实现乡村振兴战略目标的有效途径之一。

任务二　实施农产品电子商务物流管理基本操作

一、农产品电子商务物流管理基本操作的要点

（一）产品预处理

农产品电子商务的产品预处理指的是在农产品正式上架销售之前，对其进行一系列的处理和准备工作，以确保产品的质量，更好地满足市场需求。这些预处理措施包括但不限于清洗、去皮、去籽、去核、去除异味、保鲜处理、消毒处理、分类和分级等。

产品预处理是农产品电子商务物流管理的第一步，其主要目的是确保农产品的品质符合销售标准，同时让农产品能够适应长途运输的要求，减少损耗，延长货架期，最终提高消费者满意度。以下是产品预处理的详细过程。

1. 初步筛选

农产品在采收后，首先要对其进行初步的筛选，剔除病虫害严重的、过熟或不成熟的、有明显损伤或瑕疵的个体，确保进入流通环节的农产品品质均一、优良。

2. 分级处理

根据农产品的大小、色泽、形状、成熟度等因素进行分级。分级有助于提高农产品的附加值，满足不同层次消费者的需求，同时也是品牌建设、价格制定的重要依据。例如，水果可以根据大小分为特大果、大果、中果、小果等不同等级。

3. 清洗消毒

对于表面可能带有泥土、农药残留或其他杂质的农产品，如蔬菜、水果等，需要进行清洗处理。在某些情况下，还会采用食品级消毒剂进行适当的消毒，以进一步去除农产品

表面的细菌和微生物，确保食品安全。

4. 预冷处理

对于生鲜农产品，预冷处理是必不可少的环节。农产品采收后，呼吸作用产生的热量可能导致产品快速腐烂变质。通过冷藏、冰水浸泡、强制通风等预冷处理，可以迅速降低农产品的温度，抑制呼吸作用和微生物活性，延缓新陈代谢，有效延长保鲜期。

在农产品电子商务物流的产品预处理环节（见图 8-3），通过对农产品进行精细化管理和科学操作，既能提升产品的商业价值，又能确保农产品在经过长途运输后仍保持良好的品质和新鲜度，从而满足消费者对高品质农产品的需求。

图 8-3 产品预处理环节

（二）包装与标准化

包装与标准化是指根据电商销售特点和物流要求，对农产品进行合理包装，采用保护性材料防止农产品在运输过程中的损坏，并确保符合国家相关标准，便于快递分拣、堆叠和搬运。包装与标准化是农产品电子商务物流中的重要环节，其主要目的在于确保农产品在从产地到消费者手中的整个运输过程中的质量和安全，尽可能减少物理损伤，降低品质下降的风险，同时使产品适应电商销售的特点和快递物流的实际操作要求。

1. 合理包装

根据农产品的形态、质地、体积以及易损程度设计和选择合适的包装材料与结构。例如，果蔬类产品一般需要使用缓冲性能好的纸箱或泡沫盒，内置吸塑托盘或填充物以减轻碰撞；而对于肉类、乳制品等易腐产品，则需采用隔热保温材料进行包装，并结合冷藏或冷冻技术维持适宜的温度。

2. 使用保护性材料

将气泡膜、珍珠棉、EPE 垫片、充气袋等作为缓冲材料，防止农产品运输途中的颠簸、挤压造成损失。另外，对于一些特殊的农产品，还需要考虑防潮、防震、防紫外线等多重保护。

3. 标准化包装

为了满足快递物流自动化分拣和快速搬运的要求，农产品包装应尽量做到规格统一、易于识别和堆叠。例如，使用标准尺寸的箱子、增加便于机械抓取的把手或凹槽设计，以及保证快递面单和易碎品标识的清晰等。

4. 符合国家相关标准

包装材料应符合国家食品安全法律法规及环保要求，不得含有毒、有害物质，且要确保农产品在包装后的卫生状况良好。同时，包装印刷内容也需要符合国家的标签标识法规，如实标明产品信息、生产日期、保质期、产地等。

5. 可追溯与绿色环保

在包装中融入可追溯系统，如使用二维码或 RFID 标签等技术，让消费者可以轻松获取农产品的来源信息。同时，提倡可持续发展理念，鼓励采用可降解、可循环利用的包装材料，减少环境污染。

农产品电子商务物流中的包装与标准化是一项综合考虑了产品保护、物流效率、合法合规以及环保要求的工作，通过科学合理的包装，能够有效提升农产品在电子商务销售链中的品质表现，促进农产品电子商务行业的健康发展。

（三）仓储管理

仓储管理在农产品电子商务物流中扮演着至关重要的角色，其主要任务是通过科学规划和精细化管理，保证农产品在储存期间的安全和品质。

1. 科学的仓储设施布局与设备配置

根据农产品的不同特性，如易腐性、季节性等，构建多样化的仓储空间，包括常温库房、冷藏库房（低温、冷冻）、气调库房等，确保各类农产品都处于最合适的存储环境中。

2. 实时监控与智能管理系统

引入物联网技术、无线传感技术、智能监控设备等，对仓储环境（如温度、湿度、气体浓度等）进行实时监测和调节，同时对库存数量、批次信息、入库时间等数据进行实时更新和管理，确保信息准确无误。

3. 先进先出管理

先进先出（First In，First Out，FIFO）管理是一种常用的库存管理方法，其核心思想在于根据货物入库的时间顺序来整理库存，确保最早进入仓库的商品能够最早出库。这种管理方式不仅可以确保库存商品的质量和安全，防止农产品长期滞留仓库导致品质下降，还能帮助企业更好地控制成本和提高盈利能力。

4. 库存预警与优化

库存预警主要是设定各种情况下的库存预警阈值，一旦库存低于或高于这些阈值，系统就会立即触发预警，以便企业及时采取调整措施。这种预警机制有助于企业更准确地了解库存情况，预测将来的需求，从而提前进行采购或调整生产计划，避免库存不足或过剩的情况发生。同时，库存预警还可以提醒企业及时关注库存的出入情况、库存周转期和销售数据，以便在库存出现异常情况时及时采取行动。

库存优化则侧重于通过各种策略和技术，如定期盘点库存、与供应商保持密切联系、打造敏捷供应链、库存分类管理等，来优化库存结构，提高库存周转率，降低库存持有成本。库存优化的目标是在满足生产和客户需求的同时，尽量减少库存量，以降低库存成本并提高运营效率；同时通过数据分析预测销售趋势，设定合理的库存警戒线，及时补充货源或调整销售策略，避免断货或库存积压，减轻资金占用压力。

5. 质量控制与定期抽检

农产品电子商务需严格把控质量，通过加强供应商管理、建立产品溯源体系、完善质量检测及定期抽检机制，确保农产品质量安全可靠，提升消费者信任度。农产品电子商务企业可以设立质量管理部门，对入库、在库和出库的农产品进行定期抽样检验，确保农产品始终保持良好的新鲜度和品质。

6. 精细分拣与快速周转

精细分拣指的是在农产品电子商务仓储管理过程中，对农产品进行细致、准确的分类和分拣。这通常需要根据农产品的特性（如质量、大小、形状等）和成熟度进行区分，以确保相似或相同品质的农产品被归在一起，避免交叉感染和互相挤压的情况发生。这种分拣方式有助于提升仓储和库存管理的效率，减少损耗，提高产品的整体品质。

快速周转强调的则是农产品在电子商务物流环节中的流通速度，即通过优化物流流程、提高仓储和运输效率，实现农产品从生产者到消费者手中整个过程的快速流转。这不仅可以减少农产品在储存和运输过程中的损耗，还可以确保农产品的新鲜度和口感，提升消费者的购物体验。

农产品电子商务运营商可以根据电子商务平台订单的特性，建立快速反应的分拣系统，确保接到订单后能在最短的时间内完成分拣、打包和出库，缩短农产品从仓库到消费者手中的时间。

通过上述仓储管理措施，农产品电子商务企业能够有效保障农产品的新鲜度和质量，提升客户满意度，同时也能通过精细化管理降低成本，提高整体运营效率。

（四）订单处理

当电子商务平台接到来自消费者的购买订单后，必须敏捷应对，立即启动一系列内部流程，包括但不限于对订单信息进行严谨校验、依据订单内容精确选取相应农产品、执行专业高效的打包作业等。

在农产品电子商务中，订单处理是一个关键且复杂的流程，一般包括以下步骤。

1. 订单接收与响应

当消费者在电子商务平台上下单购买农产品后，订单信息会被即时传递至后台系统。这个阶段要求电子商务平台具备高稳定性和快速处理数据的能力，确保订单信息能够被快速、准确地接收。

2. 订单审核

接到订单后，系统首先进行订单审核，包括确认订单基本信息（如收货地址、联系电话以及购买商品的名称、规格、数量等）的准确性、检查支付状态是否为已付款，以及库存系统中对应农产品的实时库存是否充足。如果遇到缺货、支付未完成或其他异常情况，系统会触发相应的操作，比如通知消费者更改订单、等待补货或者退款。

3. 智能配货

订单审核通过后，进入配货环节。基于仓储管理系统（WMS），按照先进先出原则，快速定位到农产品所在库位，工作人员或自动化设备立刻进行拣选操作。配货效率直接影响着整体物流时效，因此许多大型电子商务平台会采用自动化立体仓库、智能机器人拣选等方式提高效率。

4. 打包操作

农产品电子商务的打包操作是确保农产品在运输过程中安全无损、满足消费者需求的关键环节。它涉及一系列细致且重要的步骤：第一，要准备好所需的包装材料，如纸箱、气泡膜、填充物、封箱胶带等。同时，必须核对订单信息，确保货品种类、数量及收货地址等关键信息准确无误。第二，根据农产品的特性，选择合适的包装材料。对于易碎或重物，应使用加厚纸箱或木箱进行包装，以确保产品在运输过程中不会受到损坏。第三，进行包装填充与防护。在纸箱内适当添加填充物，如气泡膜、泡沫等，以保护农产品免受震动或挤压。这不仅可以确保农产品的完整性，还能提升消费者的购物体验。第四，贴上快递单据。将包含收件人姓名、地址、电话等信息的快递单据贴在包装好的农产品上，确保信息准确无误。这有助于物流人员准确、高效地将产品送达消费者手中。第五，进行再次核查。在打包完成后，需对农产品进行最后的检查，确保其安全、牢固地包装好。这一步至关重要，可以有效避免在运输过程中出现问题。此外，根据农产品的特性和市场需求，有的可能还需要进行特殊的包装处理，如真空包装、冷藏包装等，以确保产品在运输过程中的新鲜度和品质。

农产品电子商务的打包操作是一个综合性的过程，需要综合考虑农产品的特性、运输条件以及消费者需求等多个因素。通过规范的打包操作，可以确保农产品在运输过程中的安全无损，提升消费者的购物体验和满意度。

5. 订单标记与发货准备

打包完成后，工作人员会在系统中为订单填上对应的快递单号，并做好出库标记。此时，订单状态将更新为“待发货”，准备交接给物流公司进行下一步的运输配送。

6. 物流对接与追踪

与物流公司实现数据接口对接，确保包裹在交给物流公司后能及时更新物流信息。此外，通过与物流公司合作，可以实现订单物流状态实时追踪，以便消费者和电子商务平台都能清楚掌握农产品的运输进程。

农产品电子商务的订单处理是一个集信息处理、库存管理、实物操作、物流协作于一体的复杂流程，每一个细节都直接关系到客户体验和业务运营效果。因此，优化订单处理流程，提升各个环节的工作效率与准确性，是电子商务企业和物流服务提供商共同关注的重点工作。

（五）物流配送

农产品电子商务物流配送是指通过物流系统完成农产品的配送过程，包括干线运输和末端配送两个阶段。

1. 干线运输

干线运输是指通过公路、铁路、航空或海运等多种运输方式，将农产品从产地仓库或区域中转仓库批量运输到分布在各大城市的分拨中心或前置仓。此阶段的运输距离相对较长，往往跨越省际或国界，需要高效的运输网络和具备组织大规模物流的能力。

对于生鲜农产品，干线运输中不可或缺的是冷链物流的支持，冷链物流车、冷藏火车车厢、冷藏集装箱等设备可维持农产品在运输过程中的低温环境，以降低农产品的生理代谢速度，防止高温引起的腐败变质，确保农产品在抵达目的地时依然保持新鲜度和营养价值。

小贴士

前置仓：是近年来随着电商尤其是生鲜电商行业的迅速发展而兴起的一种新型仓储模式。前置仓通常设置在城市中心或者靠近社区的地方，其核心理念是通过缩短仓库与终端消费者的物理距离，实现更快速、更高效的配送服务。

2. 末端配送

末端配送是指通过同城快递公司或专业的生鲜配送团队，将农产品从城市内的分拨中心或前置仓直接送达消费者手中。这个阶段的特点是配送范围相对较小，但配送频率较高，且时效要求更为严格。

末端配送同样需要冷链物流的支持，尤其是在炎热季节或是对温度敏感的农产品（如肉类、水产、果蔬等），可使用冷藏电动车或保温箱等设施进行“最后一公里”的配送，确保农产品在从仓储点到消费者手中这段最短却至关重要的路程中保持恒定的低温状态。

农产品电子商务物流配送的成功与否，很大程度上取决于冷链物流的覆盖范围和完善程度，只有全方位、无缝衔接的冷链物流服务才能真正解决生鲜农产品的物流难题，加强农产品从田间到餐桌的全程质量保障。

（六）追踪与溯源

农产品电子商务的追踪与溯源主要是指在农产品电子商务交易中，对农产品的生产、加工、流通等全过程进行信息追踪和记录，以确保农产品的质量和安全，保障消费者的健康权益。农产品电子商务的追踪与溯源涉及对农产品从种植或养殖、加工、运输到销售等各个环节的信息记录和管理。通过建立农产品溯源系统，可以将这些信息整合在一起，形成一个可追溯的体系，消费者或相关机构可以通过这个体系查询农产品的来源、生产加工过程、运输方式等相关信息。

农产品电子商务的追踪与溯源技术需要综合运用物联网、二维码、RFID 等技术，实现农产品从生产到消费全过程的可追溯，保障食品安全。

1. 物联网技术

农业物联网系统通过部署各种传感器、摄像头等设备，实时监测农产品生长环境（如土壤湿度、光照、气温等）、生长状况、用药施肥记录、收割加工过程等信息，所有数据均可自动上传至云端平台，形成完整的生产档案。

2. 二维码技术

对每一件农产品都可以赋予一个唯一的二维码标签，消费者和监管部门扫描二维码即可了解到该农产品的产地、生产者、生产日期、批次、检测报告等相关信息。二维码技术实现了信息的快速读取和分享，大大提高了追溯的便捷性。

3. RFID 技术

通过在农产品包装中植入 RFID 电子标签，可以实现非接触式自动识别和数据交换。RFID 标签不仅可以记录大量详尽的信息，而且即使在复杂的环境中也能远距离读取，这对于农产品物流过程中的快速盘点、出入库管理以及全程追溯具有重要作用。

4. 可追溯系统

整个可追溯系统将农产品从种植或养殖、加工、包装、仓储、运输到销售的所有节点串联起来，形成了一个连续、闭环的管理体系。一旦出现食品安全问题，就能够迅速定位问题发生在哪个环节，进而采取有针对性的召回或整改措施，有效降低食品安全风险。

通过这种全程可追溯的管理模式，不仅能够提高农产品的质量安全水平，还能够帮助企业塑造品牌形象，增强市场竞争力，同时也有利于政府监管部门对农产品市场进行有效的监管和宏观调控，切实保障消费者的饮食安全和健康权益。

5. 区块链技术

区块链具有不可篡改性和透明性，能够确保农产品电子商务数据的真实性和可靠性，从而实现农产品电子商务的全链条透明化监管以及全过程可追溯。同时，区块链与物联网等技术的结合，可以帮助农产品电子商务优化供应链管理，提高农产品电子商务的效率，提升农产品信用体系的透明度，为农产品电子商务的健康发展提供坚实的技术支撑。

（七）物流售后服务

农产品电子商务的物流售后服务主要是指农产品电子商务交易中平台或企业为消费者提供的与物流配送相关的售后服务。它包括一系列的服务环节，旨在确保农产品在物流配送过程中的安全、及时和准确，以及解决消费者在等待接收农产品的过程中可能遇到的问题。

农产品电子商务的物流售后服务通常包括以下几个方面。

1. 配送服务

配送服务主要通过配送准时率和配送质量等指标来衡量。其中，配送准时率衡量的是农产品能否在承诺的时间内准确送达消费者手中；配送质量衡量的是农产品在运输过程中的完整性、新鲜度保持情况，特别是对于生鲜农产品，要确保冷链物流到位，避免变质。

2. 产品问题处理

若在运输过程中农产品出现破损、变质、缺失等问题，物流公司需配合商家进行核实，并按约定政策进行赔偿或补发。

3. 退换货服务

根据商家售后政策，协助处理消费者提出的退换货请求，包括上门揽收、重新发货或退款等服务。

4. 客户服务支持

设置客服热线或在线咨询平台，解答消费者关于物流进度、配送异常情况、退换货流程等方面的疑问，及时提供帮助和解决方案。

5. 跟踪与追溯服务

使用物联网、二维码、RFID 等技术，让消费者可以追踪农产品从产地到餐桌的全流程，从而增强食品安全信心。

6. 售后满意度调查与改进

定期进行客户满意度调查，收集消费者对物流服务的意见和建议，不断提高物流服务质量和效率。

7. 应急处理机制

针对不可预见的物流突发事件，如天气原因导致的延误、运输车辆故障等，要有应急预案和补偿措施。

8. 增值服务

针对特定农产品提供额外服务，如特定时间段内的预约送货、特殊包装要求等。

集思广益

农产品电子商务物流管理的各项基本操作你学会了吗？寻找现实中的案例，去看看这些基本操作的现实场景。

二、选择农产品电子商务物流企业应考虑的因素

物流对于农产品电子商务来说至关重要。选择合适的物流方式可以确保农产品在运输过程中的新鲜度和质量，提高客户满意度，同时也可以降低物流成本。

农产品电子商务物流企业的选择是一个综合考虑农产品特性、客户需求、企业运营成本、市场定位以及物流服务水平等因素的过程。以下是一些在选择农产品电子商务物流企业时应重点考虑的因素和建议。

（一）冷链物流能力

对于生鲜类农产品，如果蔬、肉类、水产品等，必须优先选择具备完善的冷链物流系统的物流企业，以确保产品在运输过程中的保鲜效果。

（二）配送范围与速度

根据目标市场的地域分布和客户对配送时间的要求，选择覆盖范围广泛、配送速度快、时效稳定的物流企业。

（三）仓储条件与设施

考察物流企业的仓储设施是否能满足农产品特定的存储条件，如湿度、温度、通风等要求，选择具备完善的仓储条件与设施的物流企业。

（四）包装与安全保障

确认物流企业是否有专业的农产品包装解决方案，能否有效防止农产品在运输过程中因挤压、碰撞而出现损耗，选择包装完善、能够提供有效的安全保障的物流企业。

（五）信息化与追踪能力

选择具有强大信息化系统支持的物流企业，能够实时追踪货物位置，便于电子商务企业及消费者了解订单动态，也有利于提高整体供应链的透明度。

农产品电子商务企业在选择物流合作伙伴时，应兼顾产品特性、市场需求和企业战略，选择那些既能保障农产品品质又能提供优质服务、有利于企业长远发展的物流企业和物流解决方案。

三、农产品电子商务物流管理的优化

农产品电子商务物流管理的优化主要从以下几个方面着手。

（一）仓储网络优化

仓储网络优化是指通过科学布局和合理规划仓储设施，实现农产品从生产地到消费地

的快速流转，减少中间环节，降低存储成本。这通常涉及对现有仓储资源的整合和新建仓储设施的合理规划。例如，山西太原万柏林区通过整合长途客运、邮政、快递等物流资源，在客运站西站建立仓储中转站。这一举措不仅提高了物流效率，还降低了运输成本。通过与顺丰、宅急送等企业合作，该区成功打造了一个交通运输与邮政快递相融合的服务品牌，为农产品电子商务物流提供了有力支持。

（二）标准化包装优化

标准化包装优化旨在通过统一包装规格和材质，减少包装浪费，提高包装的耐用性和环保性，从而优化农产品电子商务物流的运输效率和质量。例如，浙江淳安县整合了多家快递公司资源，推动实施民营快递互助“共配”模式，并实现了包装标准化。这一举措不仅降低了快递公司的运营成本，还提高了村级快递的运营时效。标准化的包装也有效提升了农产品的运输效率和品质，推动了绿色电商的发展。

（三）冷链物流配送体系建设

冷链物流配送体系建设是确保农产品在运输过程中保持恒定低温环境，从而保障农产品新鲜度和品质的关键措施。这通常涉及冷藏车、保温箱等设备的投入和冷链技术的应用。例如，某电商企业采用先进的冷藏车和保温箱设备，配合严格的温度监控和记录系统，成功将新鲜水果和蔬菜及时送达消费者手中，赢得了市场的广泛认可。

（四）智能化技术应用

智能化技术应用是通过引入物联网、大数据、人工智能等先进技术，提升农产品电子商务物流的信息化和自动化水平，从而提高物流效率和准确性。例如，荣成市电子商务创业园建设了大型快递分拣中心，并引进了自动分拣设备，建立了自动分拣系统。通过自动分拣系统的应用，该中心每天都能够处理大量快递订单，大大提高了分拣效率和准确性。此外，该园区还通过数据分析优化库存管理和配送路线，进一步提升了物流运营效率。

（五）“最后一公里”配送的优化

“最后一公里”配送是农产品电子商务物流中至关重要的环节。优化“最后一公里”配送可以通过多种方式实现，如社区团购、设置自提点、推行无人机配送、共享配送资源等，以提高配送效率，降低配送成本。例如，京东物流在部分城市推出了“京东到家”服务，通过与社区便利店合作，设立了自提点，消费者可以选择将购买的农产品送至最近的自提点，自行提取。这不仅减少了配送人员的工作量，还为消费者提供了更加灵活的收货方式。

（六）物流合作与共建

农产品电子商务企业和物流企业之间通过合作与共建，能够实现资源共享、互利共赢。通过共同投资、共建物流网络，可以提高整体运营效率，降低运营成本。例如，阿里巴巴旗下的菜鸟网络与多家快递公司合作，共同打造了一个覆盖全国的智能物流网络。通过共享仓储、配送等资源，菜鸟网络成功降低了物流成本，提高了物流效率，为农产品电子商务提供了强大的物流支持。

（七）定制化物流解决方案

这是指针对农产品电子商务的特定需求，制定个性化的物流解决方案，确保农产品在运输过程中的品质和安全。例如，某农产品电子商务企业针对其销售的特色水果，定制了专门的冷藏车和保温箱，以确保水果在长途运输中新鲜。同时，该企业还与物流公司合作，优化了配送路线和时间，提高了配送效率。

（八）智慧供应链建设

智慧供应链建设通过运用大数据、云计算、物联网等技术，实现供应链各环节的信息共享和协同作业，提高供应链的响应速度和运作效率。例如，某电子商务平台通过建立智慧供应链平台，实现了供应、生产、销售等各环节的信息共享和协同作业。通过实时监控库存、销售等数据，该平台能够准确预测市场需求，及时调整采购和销售计划，提高了供应链的运作效率。

通过持续优化，农产品电子商务企业可以更好地解决物流过程中的各种痛点，提升用户体验，并推动整个产业链的健康发展。企业应根据自身实际情况和市场需求，制定合适的运营策略，以提高农产品电子商务物流的效率和竞争力。

运营故事

提质农村物流体系，服务县域直播电商

首先，提高农村物流设施现代化水平。推动县级物流配送中心（物流园区）、乡镇快递网点数字化改造，完善智慧仓储、自动分拣、射频识别、新能源配送车等系统和设施，提升村级配送效率。支持在交通便利、有利于各流通主体融合发展的位置建设县级寄递公共配送中心。引导农村电商服务站、寄递物流综合服务站等实施站点共建、服务共享，推进农村客货邮融合站点建设，实现“一点多能、一网多用”。

其次，提高农村物流配送集约化水平。支持邮政、供销社、电商、快递、交通运输、商贸流通等各类主体开展市场化合作，搭载日用消费品、农资下乡（农药除外）和农产品进城双向配送服务，推动统仓共配。推进“千集万店”改造提升工程，推动实现乡镇有“集配中心”、村有“共配商店”，加快贯通县、乡、村电子商务和快递物流配送体系。加快推广成功路径和模式，逐步提高中、西部农村地区共同配送率。鼓励具备条件的地区发展智慧物流，充分调动社会运力资源。支持发展“电商＋产地仓＋寄递物流”，形成集货、加工、配送、网销等环节相互衔接的统一供应链条，提高农产品上行效率。

最后，推动农村商贸物流创新发展。发挥县域大型商贸流通企业等自建物流的优势，面向电商平台和中小商户，提供家电、建材、农资、农产品等第三方配送服务。推广使用标准托盘、周转箱（筐）、智能物流管理系统和可循环包装技术，实现县域商贸物流标准化、智能化、绿色化发展。鼓励电商平台、大型商贸流通企业在具备条件的县城发展即时零售，对接当地商超、便利店，精准匹配周边订单需求，提供高效便捷的到家服务。

资料来源：澎湃新闻．提质农村物流体系，服务县域直播电商．(2024-03-30)[2024-11-08]. https://www.thepaper.cn/newsDetail_forward_26869657.

【分析提示】

通过提升农村物流设施的现代化水平、加强物流配送的集约化管理以及推动商贸物流的创新发展，可以有效提高农产品电子商务物流配送的效率和质量，促进农村经济的全面发展。

项目总结

本项目我们学习了农产品电子商务物流管理的基本知识，了解了农产品电子商务物流的基本要求和特点，以及农产品电子商务物流管理的流程、原则、方法、操作要点和优化措施等。对这些知识的学习能够为我们将来更好地进行农产品电子商务物流管理打下良好的基础。

项目检测

一、单项选择题

1. 以下哪个环节不属于农产品电子商务物流管理的基础流程？(　　)

A. 农产品收集　　B. 农产品加工

C. 客户关系维护　　D. 接收并处理订单

2. 农产品电子商务物流的哪个方面对于提升消费者满意度至关重要？(　　)

A. 仅注重物流速度　　B. 完善的售后服务体系

C. 产品价格竞争　　D. 广告宣传

3. 通过数据分析和优化，农产品电子商务物流可以提高哪方面的能力？(　　)

A. 仅提高运营效率　　B. 仅提高盈利能力

C. 同时提高运营效率和盈利能力　　D. 降低产品质量

4. 在农产品电子商务物流中，以下哪项不是提高物流效率的方法？(　　)

A. 使用自动化跟踪系统　　B. 定期更新物流信息

C. 忽略客户查询　　D. 提供实时物流信息

二、名词解释

1. 农产品电子商务物流

2. “最后一公里”配送

三、简答题

1. 简述农产品电子商务物流管理的原则。
2. 简述农产品电子商务物流管理的方法。

四、论述题

1. 论述农产品电子商务物流售后服务的重要性。
2. 分析应如何对农产品电子商务物流管理进行优化。

项目延伸

农村、乡镇地区常常出现快递工作人员不足、站点少等问题，而农产品大多生产、加工于这些物流服务能力弱的地区。如何让农产品商户享受到更便捷的物流服务呢？结合本项目所学知识，在互联网上寻找相关的解决方法，说说你自己的看法，写一篇不少于300字的分析报告。

项目九 农产品电子商务用户运营和供应链管理

素养目标

1. 在农产品电子商务用户运营和供应链管理的各项操作中培养正确的职业道德；

2. 培养“三农”情怀，愿意用用户运营和供应链管理的知识为农村经济发展做出贡献。

知识目标

1. 了解农产品电子商务用户运营和供应链管理的相关概念；

2. 掌握农产品电子商务用户运营和供应链管理的方法和策略。

能力目标

1. 具备进行农产品电子商务用户运营的能力；

2. 具备进行农产品电子商务供应链管理的能力。

背景知识

在农产品电子商务领域，用户运营与供应链管理是两大核心要素，它们相互关联、相互影响，共同推动着农产品电子商务的健康发展。

用户运营在农产品电子商务中扮演着至关重要的角色。其目标是通过一系列精心策划的营销活动和优质的客户服务，增强用户黏性，提高用户忠诚度。供应链管理是农产品电子商务的基石。它涉及农产品的采购、存储、加工、配送等多个环节，对于确保产品质量、降低运营成本和提高产品市场竞争力具有重要意义。

用户运营和供应链管理并不是两个孤立的环节，而是需要相互协调、相互支持的。一方面，用户运营团队需要密切关注供应链管理的动态，根据产品的供应情况和市场需求调整营销策略，确保用户能够购买到新鲜、优质的农产品；另一方面，供应链管理团队也需要考虑用户运营的需求，优化流程、提高效率，进一步提升用户的购物体验。

项目探索

任务一 洞察农产品电子商务用户运营

一、农产品电子商务用户运营概述

（一）农产品电子商务用户运营的概念和用户类型

农产品电子商务用户运营是指以互联网、电话、微信等多种形式为流量入口吸引用户进店并建立联系，利用短视频、直播、线上活动等内容形式引导用户参与并促成销售。农产品电子商务用户运营是一个综合性的过程，旨在通过一系列策略和活动，吸引、留住用户并促进用户与农产品电商平台的互动和交易。

用户对一个农产品电商企业经营的成功与否具有重要影响。农产品电子商务用户运营需要关注四类用户：种子用户、核心用户、目标用户和潜在用户。这四类用户之间的关系如图 9－1 所示。

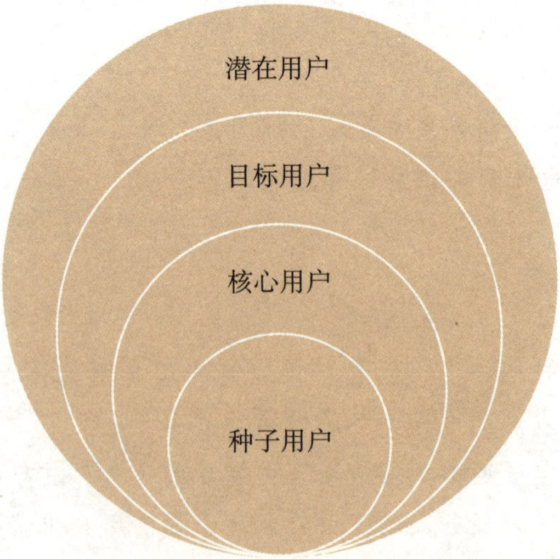

图 9－1 农产品电子商务用户运营的四类用户之间的关系

在农产品电子商务用户运营中，种子用户、核心用户、目标用户和潜在用户之间存在着紧密而动态变化的关系。种子用户是农产品电商企业的基础用户群体；核心用户则是企业价值的重要体现；目标用户是企业根据市场分析和用户画像确定的具有特定需求和购买潜力的用户群体；潜在用户则是那些尚未成为企业用户，但具备购买农产品意愿和潜在消费能力的个人或群体。这四类用户群体在农产品电子商务运营中相互关联、相互影响。企业需要通过精准的用户定位、优质的产品和服务以及有效的营销策略，不断吸引和转化各类用户，实现用户规模的持续增长和业务发展的良性循环。

1. 种子用户

种子用户是指对产品有兴趣并可能产生销量的消费者。他们认同农产品电商企业，会主动关注企业的资讯，并可能因兴趣而做出购买行为。然而，这类用户的消费行为往往不持久，可能只是偶尔购买或仅在一定时间段内活跃。

例如，某农产品电商平台的一位普通用户张三，他经常浏览该电商平台的网页，关注各种农产品的价格、品质和促销活动。当他发现某种农产品价格合适且品质上乘时，他可能会下单购买。然而，张三并不会频繁购买，也不会固定在该平台上购买所有他需要的农产品。他的购买行为可能受到多种因素的影响，如价格变动、促销活动、个人需求变化等。

为了吸引和留住种子用户，农产品电商企业可以通过提供优惠券、实行会员制度、积分兑换等方式来增强用户的购买意愿，提高用户忠诚度。同时，优质的客户服务也是提升种子用户满意度的重要一环，如快速响应用户的咨询和投诉、提供专业的产品建议和解决方案等。

需要注意的是，虽然种子用户可能不会做出持续且大量的购买行为，但他们仍然是企业的重要用户群体。通过不断优化用户体验和提供个性化服务，可以将种子用户转化为更高价值的用户，进一步推动农产品电商企业的发展。

2. 核心用户

核心用户是指那些持续购买企业农产品的用户，他们不仅对产品有深入的了解和认同，还产生了强烈的依赖，习惯于购买该企业的农产品。这类用户一般对农产品电商企业具有较高的忠诚度，也有较强的购买力，他们的消费行为稳定且持续，对企业的发展具有重要意义。

例如，某农产品电商平台的一位核心用户李四，他经常在该平台上购买农产品，他信赖该平台的产品质量和服务，也已经习惯了在这里购物。李四会主动关注平台的资讯，参与各种优惠活动，并乐于向朋友推荐该平台。他的购买行为不仅频繁且稳定，而且购买金额也相对较大，为平台贡献了大量的销售额。

农产品电商企业在运营过程中应重点关注核心用户的需求和体验，通过提供优质的产品和服务，提高他们的忠诚度。例如，可以为核心用户提供 VIP 服务，包括专属优惠、定制化推荐、快速响应等，让他们感受到企业的重视和关怀。

同时，农产品电商企业还应通过数据分析等手段，精准识别核心用户，并根据他们的需求和喜好制定个性化的营销策略。这不仅可以提高营销效果，还可以进一步提升核心用户的满意度和忠诚度，为企业的持续发展奠定坚实的基础。

总的来说，核心用户的运营是农产品电商企业用户运营的重要组成部分，他们的存在和成长对企业的持续发展与竞争力的提升具有关键性的作用。因此，企业应不断优化用户运营策略，提升核心用户的购物体验和满意度，以实现可持续发展。

3. 目标用户

目标用户是指农产品电商企业所针对的具有特定消费需求和购买潜力的用户群体。这些用户通常是基于市场调研、用户画像分析和业务策略确定的，具有明确的消费特点和购买习惯，对农产品电商企业的产品和服务有潜在需求。

目标用户的运营是农产品电子商务用户运营的核心组成部分，它有助于企业更精准地制定营销策略和提供个性化服务。通过深入了解目标用户的需求和偏好，农产品电商企业可以优化产品选择、定价策略和推广活动，从而提升用户满意度和忠诚度，实现销售增长和市场份额的提升。

例如，某农产品电商平台的目标用户是注重健康饮食的中青年群体。这类用户通常具有较高的文化素养和生活品质要求，他们特别关注农产品的品质、安全和营养价值，愿意为高品质的农产品支付溢价。为了吸引和留住这类目标用户，平台可以重点推广绿色、有机农产品，提供详细的产品信息和认证资料，同时加强与用户的互动和沟通，与用户建立信任关系。

在制定营销策略时，农产品电商企业可以针对目标用户的消费特点和购买习惯，进行精准营销。例如，通过社交媒体平台向用户推送与农产品相关的健康饮食知识和农产品，举办线上促销活动吸引用户下单购买，或者与线下实体店合作开展体验活动等。这些措施有助于提升目标用户对企业的认知度和好感度，进而促使其做出购买决策。

需要注意的是，目标用户的概念并非一成不变。随着市场环境和消费者需求的变化，农产品电商企业需要不断调整和优化目标用户的定位。

4. 潜在用户

潜在用户是指那些尚未成为农产品电商企业用户，但具备购买农产品的意愿和潜在消费能力的个人或群体。这些用户可能对农产品电商企业的产品和服务感兴趣，但由于各种原因尚未做出购买行为。

潜在用户的运营是农产品电商企业用户运营的重要组成部分，通过实施有效的营销策略和用户引导，可以将其转化为实际购买用户，为企业带来更多的销售机会和更大的增长潜力。

例如，某农产品电商平台在推广过程中发现，一些年轻家庭主妇虽然尚未在该平台购买农产品，但她们经常浏览平台上的农产品信息，关注健康饮食和家庭营养搭配的资讯。这些年轻家庭主妇就是平台的潜在用户。为了将这些潜在用户转化为实际购买用户，平台可以采取一系列营销策略，如提供专属优惠券和促销折扣、推送个性化的农产品、举办线上线下的互动活动等，以吸引她们的注意并激发其购买欲望。

挖掘和培养潜在用户是农产品电子商务用户运营的关键任务之一。企业可以通过市场调研、用户画像分析等手段，了解潜在用户的需求和偏好，制订相应的营销策略和推广计划。同时，优化企业的用户体验和服务质量，提高潜在用户对企业的信任度和满意度，也是吸引和留住潜在用户的重要措施。

需要注意的是，潜在用户的转化过程可能需要一定的时间和努力。因此，农产品电商企业需要保持耐心、持续投入，通过不断优化运营策略和提升服务质量，逐步将潜在用户转化为企业的忠实用户，实现用户规模的持续增长和业务发展的良性循环。

（二）公域流量和私域流量

公域流量和私域流量是电商行业与网络营销中常见的两个概念，用来形容用户群体访问和交互的不同范围以及商家或个人对其控制的程度。在农产品电子商务中，公域流量和私域流量是两个非常重要的概念，它们代表了不同的用户获取和运营模式。公域流量和私域流量之间存在着密切的关系，这两者并不是孤立存在的，而是相互补充、相互促进的。农产品电子商务中的公域流量和私域流量如图 9-2 所示。

图 9-2　农产品电子商务中的公域流量和私域流量

首先，公域流量是私域流量的重要来源。商家可以通过在大平台上投放广告、参与促销活动等方式，吸引用户点击、浏览和购买，从而将公域流量导入自己的私域流量池中。这些用户一旦进入私域流量池，就成为商家可以直接触达和运营的对象。

其次，私域流量是对公域流量的有效转化和沉淀。商家可以通过搭建自己的平台（如公众号、小程序等），提供有价值的内容和服务，与用户建立信任和互动关系，将公域流量转化为私域流量。在私域流量池中，商家可以更自由、更深入地与用户进行沟通和互动，实现更精准、更高效的营销。

同时，私域流量的运营也可以反哺公域流量。通过私域流量的精细化运营，商家可以了解用户的需求和偏好，优化产品和服务，提升品牌形象和口碑。这些改进和提升可以进一步吸引公域流量的关注和购买，形成良性循环。

1. 公域流量

在农产品电子商务运营中，公域流量可以理解为在大平台（如淘宝、京东、微博、知乎、贴吧等）上可以自由获取，不属于任何一个品牌或个人的公共流量。这些流量对所有商家开放，但获取这些流量需要商家按照平台的规则来购买或投放广告，每次导流都需要付出相应的成本。

以农产品电子商务为例，假设某农产品品牌希望快速扩大市场影响力，它可能会选择在淘宝、京东等电商平台上投放广告，吸引用户点击进入其店铺购买产品。这些用广告吸引来的用户，就是公域流量。品牌可以通过精准的广告投放，快速吸引大量潜在用户，提高产品的曝光度和销量。

公域流量的主要特点是：流量获取相对容易，商家可以快速吸引大量潜在用户；然而，由于流量的公共性质，用户黏性通常较低，用户可能只是短暂停留，难以形成稳定的客户群体；此外，获客成本也相对较高，商家需要不断投入资金来维持和扩大流量。

公域流量是农产品电子商务运营中快速吸引潜在用户的重要途径，但也需要商家投入一定的成本和精力进行维护和管理。合理利用公域流量，并结合私域流量的运营，将有助于农产品电子商务品牌更好地实现用户增长和业务发展。

2. 私域流量

私域流量则是指商家或个人自主拥有并能直接触达的用户群体，例如微信个人号、社群、朋友圈等渠道积累的粉丝、客户资源。

以农产品电子商务为例，假设某农产品品牌在微信上运营了一个公众号，并通过优质的内容、促销活动等方式吸引了大量粉丝关注。这些粉丝就是品牌的私域流量。品牌可以通过公众号发布产品信息、推广活动，甚至进行一对一的客户服务，与粉丝建立紧密的联系。

私域流量的主要特点是：用户可以免费、多次利用，无须像公域流量那样每次使用都需要付费；商家可以自主控制内容和流量分发，不受平台规则的限制；用户黏性强，容易形成稳定的客户群体。

此外，品牌还可以利用私域流量进行裂变式增长。例如，通过策划一些有趣的活动或推出优惠政策，鼓励粉丝分享公众号的内容或邀请更多人关注。这样，私域流量就像鱼塘里的鱼一样，数量会不断增长。

私域流量的运营需要商家投入一定的时间和精力，但相比公域流量的高成本和低黏性，私域流量的回报更为可观。通过精细化的运营和管理，商家可以将私域流量转化为稳定的客户群体，实现长期的业务增长和盈利。

私域流量是农产品电子商务运营中的重要资源，它代表了品牌与用户之间建立起的紧密联系和深厚的信任关系。通过合理利用和运营私域流量，可以进一步促进农产品电商品牌的用户增长和业务发展。

集思广益

思考一下农产品电子商务用户运营的流量提升方法有哪些，并尝试区分公域流量和私域流量。

二、农产品电子商务用户运营的原则与思路

（一）农产品电子商务用户运营的原则

农产品电子商务用户运营应遵循用户至上、数据驱动、内容为王和社群互动等原则。这些原则是企业制定和执行用户运营策略的基础和指导方针，有助于增强用户黏性，提高销售额，实现长期的业务发展。

1. 用户至上原则

用户至上原则应贯穿农产品电子商务用户运营的始终。这意味着农产品电子商务的所有运营活动都应以用户的需求和体验为出发点，致力于为用户提供优质的产品和服务。企业需要深入了解用户的购买习惯、消费能力和偏好，以便更好地满足他们的需求。通过不断优化用户体验，提升用户满意度，赢得用户的信任和忠诚。

2. 数据驱动原则

数据驱动原则要求农产品电商企业在用户运营过程中，以数据为依据制定和调整策略。通过对用户行为、销售数据等进行分析，企业可以洞察市场趋势，了解用户需求，从而优化产品选择、定价策略和推广活动。同时，数据分析还可以帮助企业评估运营效果，发现问题并进行改进，实现精细化运营。

3. 内容为王原则

内容营销在农产品电子商务用户运营中扮演着重要角色。通过发布有价值的内容，如农产品知识、烹饪技巧、行业动态等，可以吸引用户的关注和兴趣，提升品牌形象和知名度。同时，优质的内容还可以增强用户黏性，提高用户参与度，促进用户与品牌之间的互动和交流。因此，农产品电商企业应注重内容的质量和创意，打造具有吸引力的内容营销体系。

4. 社群互动原则

社群互动原则要求农产品电商企业积极建立和维护用户社群，通过社群活动、话题讨论等方式促进用户之间的互动和交流。社群不仅可以聚集有共同兴趣和需求的用户，还可以为平台提供宝贵的用户反馈和建议。通过社群运营，企业可以深入了解用户的需求和心声，进一步优化产品和服务，提升用户体验和满意度。

集思广益

你认为农产品电子商务用户运营除以上四个原则之外还应遵循哪些原则？

（二）农产品电子商务用户运营的思路

1. 用户画像与精细化定位

农产品电子商务用户运营首先要对目标用户进行深入的分析，构建详细的用户画像，包括了解用户的年龄、性别、地域分布、消费习惯、购买偏好等。通过数据分析工具，对

用户行为数据进行挖掘，可以更精准地定位用户需求。例如，某农产品电商平台通过数据分析发现，其用户主要为30～50岁具有一定购买力的消费群体，且对有机、绿色农产品有较高需求。基于此，平台调整了商品结构，加大了有机农产品的采购力度，并优化了针对这一用户群体的营销策略，取得了显著的销售增长。

2. 内容营销与品牌建设

通过优质的内容创作，传播农产品知识、烹饪技巧等，加深用户对农产品的认知，提升品牌形象。同时，内容营销也有助于吸引潜在用户，提升品牌影响力。例如，一家专注于销售特色农产品的电商平台，定期在社交媒体上发布关于农产品的科普文章、烹饪教程等。这些内容不仅吸引了大量用户的关注和互动，还提高了用户对平台商品的认知度，增强了用户的购买意愿。此外，平台还邀请知名厨师和美食博主合作，推出联名产品和限量活动，进一步提升了品牌影响力，增强了用户黏性。

企业也可以通过公域广告投放等形式打开品牌知名度，提高市场渗透率，达到“让用户想得起来、叫得上名字”的效果；再利用会员福利、折扣优惠、社群内购等形式深度链接用户、沉淀转化用户。

3. 社群运营与用户互动

社群运营与用户互动在农产品电子商务用户运营中扮演着至关重要的角色。通过有效的社群运营，企业可以与用户建立起紧密的联系，增强用户的归属感，提升用户的忠诚度，进而促进产品销售。

企业可以建立用户社群，通过社群活动、话题讨论等方式，增强用户之间的互动。社群运营不仅可以提高用户满意度和忠诚度，还可以为企业提供宝贵的用户反馈和建议。例如，一个农产品电商企业创建了一个微信社群，邀请用户加入并分享他们的购买体验、烹饪心得等。社群内定期组织线上活动，如农产品知识竞赛、烹饪比赛等，激发了用户的参与热情。同时，企业还通过社群收集用户反馈，不断优化产品和服务，提高了用户满意度和忠诚度。

4. 个性化推荐与精准营销

个性化推荐与精准营销的核心是根据用户的个体差异和行为特征，为其提供定制化的产品和服务，从而提高销售转化率和用户满意度。企业基于用户画像和数据分析，进行个性化商品推荐和精准营销。通过推送符合用户需求的商品信息和优惠活动，提高用户的购买转化率和客单价。例如，某农产品电商平台利用大数据技术，对用户的浏览、购买记录进行分析，为每个用户生成个性化的商品推荐列表。同时，平台还根据用户的购买习惯和偏好，定期推送定制的优惠活动和促销信息。这种个性化的推荐和精准营销方式，大大提高了用户的购买转化率和复购率。

农产品电子商务用户运营需要结合用户画像、内容营销、社群运营和个性化推荐等思路进行综合施策。通过精细化的运营手段，不断提升用户体验和满意度，实现销售的增长和品牌价值的提升。

三、农产品电子商务用户运营平台与工具

选择和应用合适的农产品电子商务用户运营平台与工具，对于提升用户满意度、增强用户黏性以及推动销售增长具有至关重要的作用。

（一）农产品电子商务用户运营平台

农产品电子商务用户运营平台多种多样，它们都具有各自的特点和优势，为农产品电子商务提供了广阔的用户运营空间。主要的农产品电子商务用户运营平台有以下几种。

1. 综合性电商平台

综合性电商平台是指以互联网为基础，通过互联网推广和销售商品的商业模式，将供应商、买家和第三方服务商聚集在一起，提供全方位电子商务服务的在线平台。这类平台以商品购买和交易为核心，同时提供一系列的增值服务，如支付、物流、客服等，旨在为消费者提供全方位的购物体验。

目前，综合性电商平台以淘宝、京东、天猫等为主要代表，这些综合性电商平台商品品种齐全、价格透明、配送速度快，因此广受消费者欢迎。商家入驻这些平台，可以获得更广阔的市场和流量；消费者在这些平台上购物，则能拥有更多的选择、获得更好的购物体验。

以淘宝为例，作为中国最大的综合性电商平台之一，淘宝为农产品电商提供了庞大的用户基础和丰富的营销工具。农产品商家可以在淘宝上开设店铺，通过优化商品详情页、提升客户服务质量等方式吸引和留住用户。

同样，京东作为一个大型综合性电商平台，也拥有庞大的用户群体和完善的电商生态系统。京东为农产品电商提供了从入驻、运营到物流配送的一站式服务，帮助商家提升用户体验和销售效果。

2. 农产品垂直电商平台

农产品垂直电商平台是指专注于农产品领域的电子商务交易平台，这类平台通过整合特定农产品类别的信息和供应链服务，提供从产地到消费者的一站式购物体验。

例如，每日优鲜专注于生鲜农产品的电商销售，提供线上购买、线下快速配送服务，满足了消费者对新鲜农产品的需求。

再如，盒马鲜生是阿里巴巴旗下的新零售商超，集超市、餐饮、电商和物流于一体，为消费者提供一站式购物体验。

3. 社交电商平台

农产品电子商务社交电商平台是一种结合了社交网络和电子商务功能的在线平台，它利用用户的社交关系来促进农产品的销售。

例如，拼多多以社交电商为特色，通过用户之间的分享和拼团等方式，降低农产品价格，提升购买转化率。商家可以利用拼多多的社交属性，进行裂变式传播，快速积累用户。

再如，微信小程序作为微信生态内的重要一环，为农产品电商提供了轻量级、易传播的运营平台。商家可以开发自己的小程序，通过微信社交链进行推广，实现用户拉新和转化。

4. 自建电商平台

自建电商平台是指由农产品企业或个体自行建立和管理的专门用于销售农产品的在线交易系统。

目前，许多农产品企业会选择自建电商平台，通过建立自己的网站或 App 进行商品销售和用户运营。这种方式虽然初始投入较大，但可以更好地掌握用户数据和运营情况，实现个性化服务和精准营销。

例如，开犁网是吉林省农业综合信息服务有限公司推出的一个农产品电商平台，它以“互联网＋农民”为服务对象，为农村电子商务提供平台服务、信息服务及物流服务。该平台提供农产品进城和农资、日用品、医药下乡等双向电商服务，致力于推动农产品电子商务的发展。

再如，农特网也是一个专注于农产品销售的自建电商平台，它集合了各地的特色农产品，通过线上销售的方式，将优质农产品直接送达消费者手中。

5. 内容电商平台

内容电商平台是指通过形式多样的内容（如图文、视频等）来传播商品信息，引导消费者更深入地了解商品，从而引发消费者的情感共鸣和兴趣，并促使消费者做出购物行为的一种电商平台。

例如，今日头条就是做内容电商的社交媒体平台之一，其内容流量场景有以下三种：

（1）头条视频：农产品商家可以通过录制头条视频或者直播展现农村的生态风景，也可以通过视频展示产品的产地和品质。发布视频后头条会根据大数据和人工智能算法推荐给精准的用户。

（2）图文内容：农产品商家可以以图文的形式，传播乡村的风土人情，介绍产品相关信息，可以在内容页设置电商平台的商品链接，也可以挂载头条小店的商品链接。

（3）微头条：微头条的商品卡功能，可以帮助头条作者卖货变现，对于农产品销售来说也是一样，农产品商家可以通过微头条发布产品宣传信息，然后通过商品卡添加头条小店的商品或电商平台的连接。微头条的流量展现形式有两种：一种是根据内容自动分发给精准用户；另一种是推荐给粉丝。通过人工智能分发加粉丝互动，能够让流量倍增，从而增加商品的曝光量，提升转化率。

6. 视频电商/直播电商平台

视频电商和直播电商都是电子商务的新兴模式，它们利用视频或直播的形式来展示和推广商品，从而吸引和转化消费者。

视频电商主要是通过专业的电子商务平台，将企业或商家制作的产品视频广告或宣传短片投放到互联网上，供经销商和消费者观看、了解。这种方式能够让消费者通过观看视频来了解所售产品，从而以更形象化的方式传递产品信息，提高传播效率和购买转化率。视频电商改变了传统意义上的产品销售和采购模式，可以实现线上与线下的结合，为商家节省参加展会、采购会的成本，减少出行，从而减少碳排放。

直播电商则是指在电子商务环境下使用直播媒介的一种购物方式。商家通过直播的形式展示产品，与消费者进行实时互动，从而吸引消费者的关注，激发消费者的购买欲望。直播电商具有互动性、娱乐性、真实性、可视性的特点，消费者可以充分了解产品的特点和各项性能，选择购买自己需要的产品。直播电商已经成为商家进行产品推广和销售的重要渠道之一。

直播电商平台在社交化零售场景里最常用到的是抖音、快手、视频号和西瓜视频。以抖音为例，抖音短视频作为内容流量场景可以智能分发给潜在的用户人群，也可以将抖音小店链接挂载到短视频上一并推荐给潜在用户，同时可以通过抖音进行直播销售农产品，使用户能够更直观地看到产品，用户则可以直接通过抖音小店购买产品。

在实际运营中，商家可以根据自己的需求和资源选择适合自己的平台进行运营。同时，随着技术的发展和市场的变化，新的农产品电商用户运营平台也会不断涌现，为农产品电子商务提供更多的选择和机会。

（二）农产品电子商务用户运营工具

农产品电子商务用户运营会用到一系列的工具，这些工具可以提升用户体验、促进产品销售并提高品牌知名度。常用的农产品电子商务用户运营工具如下。

1. 数据分析工具

数据分析工具是指专门用于收集、处理、分析和解释数据的软件或平台。在农产品电子商务领域，数据分析工具发挥着至关重要的作用，能够帮助商家深入了解用户行为、市场趋势和产品销售情况，从而制定更有效的用户运营策略。农产品电子商务中最常用的数据分析工具有生意参谋（见图 9－3）、生 e 经等。

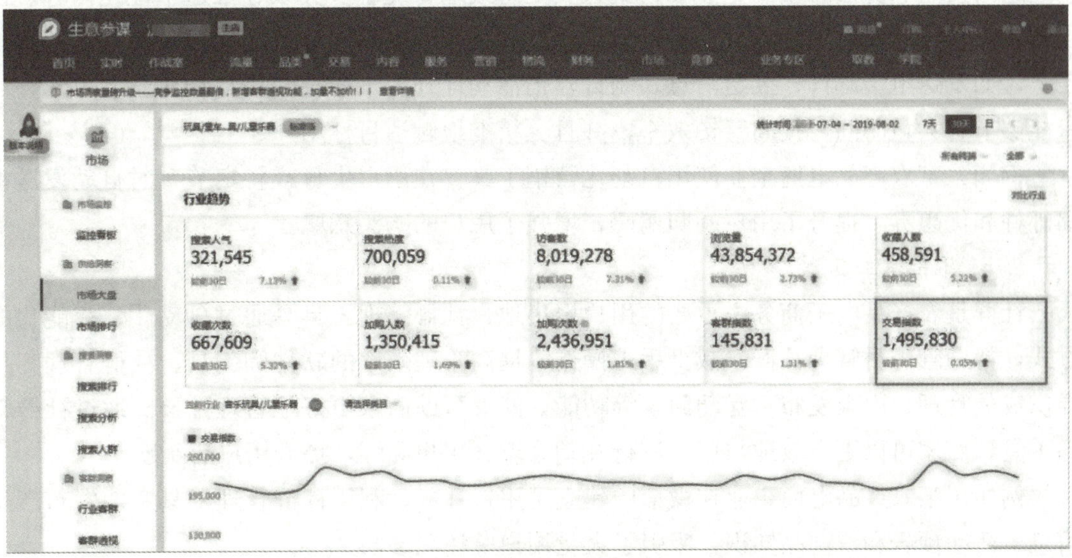

图 9－3　生意参谋的一个界面

例如，某农产品电商商家使用生意参谋分析流量来源后发现，社交媒体渠道的流量增长迅速，于是加大了在社交媒体上的推广力度，并优化了相关内容的发布策略，成功提升了店铺的曝光度和销售额。

2. 内容营销工具

内容营销工具是一种帮助企业和品牌进行内容创建、发布、传播和管理的工具。它们提供一系列功能，可以帮助商家优化内容营销策略，提高品牌知名度，吸引潜在用户，并最终促进销售。农产品电子商务中最常用的内容营销工具有微信公众号、微博、抖音等。

例如，某农产品电商商家在微信公众号上发布了一系列关于农产品种植、加工、食用等方面的科普文章，吸引了大量用户关注和转发，商家还在文章中嵌入了购买链接，实现了从内容到销售的转化。

3. 直播电商工具

直播电商工具是专为电商直播而设计的辅助软件，旨在帮助商家更好地进行直播销售，提升用户体验和销售效果。这些工具通常提供一系列功能，包括直播推流、产品展示、互动营销、数据分析等，可以优化直播流程，增强直播的吸引力，提高转化率。淘宝直播、京东直播等是农产品电子商务中较为常用的直播工具，这些工具允许商家实时展示产品、与用户互动、解答用户疑问等，有助于提升用户的购买信心和满意度。

例如，一位农民通过淘宝直播展示自家的果园和水果采摘过程，吸引了大量观众关注和购买。观众可以实时看到产品的真实情况，增强了对产品的信任感，同时农民也通过直播解答了观众的疑问，提升了用户满意度。

4. 自动化营销工具

自动化营销工具是一组旨在实现现代营销和销售流程的简化与自动化的工具。它们利用先进的技术和算法，帮助企业和营销人员更有效地管理客户关系、推送个性化内容、优化营销活动，并实时追踪和分析营销效果。自动化营销工具能够自动执行一些重复的营销任务，如发送电子邮件、推送消息、制订营销活动计划等。通过使用自动化营销工具，商家能够节省大量时间，提高营销效率，并且更精准地触达目标用户。

例如，某农产品电商企业使用自动化营销工具，在用户生日或特定节日时自动发送祝福邮件和优惠券，提升了用户的归属感，增强了用户的购买意愿。

5. 社群管理工具

社群是农产品电子商务中重要的用户聚集地，社群管理工具是通过自动化、智能化的方式，帮助管理员管理社群，减少手工操作，提高管理效率的软件和工具。社群管理工具提供成员管理、内容发布、互动回复等功能，能够帮助商家更好地管理社群。通过社群管理工具，商家可以更有效地与用户进行互动，增强用户黏性，提升用户活跃度。

例如，某农产品电商企业在微信中建立了用户社群，利用社群管理工具定期发布产品信息、活动预告和农产品知识，吸引了大量用户关注和参与。

6. 供应链管理工具

供应链管理工具是一系列用于优化供应链流程、提升供应链效率的软件和平台。这些工具通过整合供应链上的各个环节，实现信息实时共享、协同工作以及智能化决策，从而帮助企业降低成本、加快响应速度并增强市场竞争力。农产品电子商务的供应链相对复杂，涉及采购、仓储、物流等多个环节。供应链管理工具能够帮助商家更好地管理供应链，确保产品的质量和供应的稳定性。

例如，某农产品电商企业使用供应链管理工具，实现了对供应商、库存和物流的实时监控和管理，确保了产品的及时供应和质量的稳定性，提升了用户满意度。

7. 跨境电商工具

跨境电商工具是专为跨境电商业务设计的辅助软件或平台，旨在帮助商家更好地进行跨境贸易活动，提升业务效率，增强市场竞争力。这些工具提供的功能涵盖了跨境电商的各个方面，包括选品、运营、营销、数据分析等，能够帮助商家处理跨境支付、税务、物流等问题，降低跨境电商的门槛和风险。对于涉足跨境贸易的农产品电商企业来说，跨境电商工具是必不可少的。

例如，一家专门销售进口农产品的电商企业利用跨境电商工具，顺利处理了与海外供应商的支付和税务问题，实现了产品的快速进口和销售。

在实际运营中，商家应根据自身业务需求选择合适的农产品电子商务用户运营工具，并综合运用各种工具来提升用户运营的效率和效果。这些工具在提升用户体验、促进销售增长、增强品牌影响力等方面发挥着重要作用，是成功进行农产品电子商务用户运营的关键之一。

四、农产品电子商务用户运营的方法

（一）建立完善的用户服务体系

通过建立完善的用户服务体系，可以实现用户服务方式的多元化，满足不同用户的需求。

1. 建立多渠道沟通方式

建立多渠道沟通方式，如电话热线、在线用户运营系统、邮件反馈系统等，这样可以方便用户根据自己的需求及时选择合适的渠道来咨询问题。

2. 提供全天候服务

在农产品电子商务中，用户可能来自各个不同的时区，所以为了更好地服务用户，提供 24 小时全天候服务是非常必要的。

3. 及时回应用户反馈

对于用户提出的问题或建议，要及时回应并解决，这对于提升用户体验至关重要。用户运营人员需要快速响应，积极解决问题，让用户感到被关注和尊重。

4. 建立投诉处理机制

用户遇到问题或者产生不满时，农产品电商企业需要有相应的处理机制，及时解决用户的问题，并给予相应的赔偿或补偿。在处理过程中，要友善、真诚地与用户沟通，让用户得到满意的结果。

5. 建立知识库

用户运营人员需要了解农产品的相关知识，如产品特性、使用方法、保养方法等，以便能够解答用户的各种问题。同时，还需要建立一个知识库，使用户运营人员能够快速查询信息，提高工作效率。

6. 优化用户体验

用户运营人员可以通过友好的问候语、流畅的对话、专业的解答等来优化用户体验，从而增强用户的信任感，提升用户的忠诚度。

7. 建立用户档案

建立用户档案，记录用户的基本信息、购买记录、投诉记录等，可以帮助用户运营人员更好地了解用户需求，提高服务质量。

（二）利用数据分析提升服务质量

收集用户的反馈信息，运用数据分析的方法挖掘出用户最关心的痛点，进而制订相应的改进计划，提升服务质量。

1. 数据收集

每次与用户沟通时，用户运营人员都应该记录和收集有关该用户的所有数据，例如用户问题、解决方案、交流历史、消费偏好等。

2. 数据分析

对收集到的数据进行分析，以了解用户的需求和意愿。用户运营人员可以使用数据可视化工具来快速分析数据，并制订相应的行动计划。

3. 个性化服务

根据用户的历史问题和购买行为提供个性化服务，比如了解用户的需求和好恶，据此推荐相关产品，消除用户的疑虑并提高用户满意度。

4. 预测需求

在对用户历史数据进行分析的过程中，用户运营人员可以发现一些潜在的趋势和规律。利用这些趋势和规律可以预测用户未来的需求，从而帮助企业做出更加精准的供应和生产决策。

5. 自动回复

基于已知数据和情景，用户运营系统可以智能生成自动回复模板，当新用户或老用户的问题与模板中的问题相匹配时，系统可以快速回应用户，缩短处理时间。

（三）引入智能用户运营技术

采用人工智能技术，搭建智能用户运营系统，可以极大地提高用户服务的效率，优化用户体验，同时也可以减少人力成本。

1. 智能推荐

基于用户历史数据、行为偏好以及购买记录等信息，智能用户运营系统可以推荐最符合用户需求的产品或服务，促进销售增长。

2. 多渠道支持

智能用户运营系统可以同时支持多个平台和渠道，例如网页聊天窗口、手机 App、微信公众号等，方便用户随时随地与企业进行交流。

3. 实时监控

智能用户运营系统可以对所有用户的交互记录进行实时监控，并及时通知人工用户运营人员处理特殊情况，从而提高服务响应速度和准确性。

4. 数据分析

智能用户运营系统可以根据用户历史数据分析，了解不同用户群体的需求和喜好，从而帮助企业更好地制定营销策略，并优化产品设计。

集思广益

除以上方法之外，你还知道哪些农产品电子商务用户运营的方法？

运营故事

用户运营的个性营销助力生鲜电商

罗志彬是福州最早一批入局“私域营销+生鲜配送”经营模式的经营者。早在2008年，罗志彬就依靠QQ电脑端，与近千名本地客户建立了稳定的联系。尽管没学过任何电商知识，但凭借真诚的服务态度和勤勉的劳作，他获得了不少消费者的信任。

从2008年开始，罗志彬的妻子、胞弟、同学也跟随他走上了创业之路，对接货源、市内配送、线上客服，几人分工有序，依靠泡爪这一“引流爆款”和来自三明的山珍积累了第一批熟客，再依靠口碑和消费者之间的推荐实现了客群增长。

罗志彬说出了一组令人印象深刻的数据：他的微信中约10%的客户贡献了90%的经营流水。他们主要从事批发销售，剩下的约90%的客户则是长久以来积累下的零售客户。这样“1∶9”的倒挂，说明如今罗志彬的盈利模式已基本脱离了最初的生鲜零售。

在业内人士看来，成功的私域营销需要经营者长期以用户为中心，持续优化用户体验。私域流量的用户黏性更高，具有自主拥有、可多次利用的特点，与生鲜产品这一复购率较高的品类十分契合。随着互联网逐渐深入日常生活，获取流量的成本日益提高，像罗志彬这样手握充足流量的商户自然成了渠道商眼中的“香饽饽”，其精耕细作的获客模式是赢得竞争的关键。

生鲜产品的生产和采购成本相对固定，但运营成本高，包括仓储、运输、保鲜、包装等环节，因此在采取低价策略时，往往容易影响产品质量，还可能导致供应链上下游利益分配不合理，影响供应链的稳定性。因此，采取以用户为中心的个性化、定制化的私域营销方式，能成功地避开价格战，赢得市场。

资料来源：赖昊拓，王永珍．当生鲜销售遇上私域流量．（2024－10－31）[2024－11－08]．http://www.fujian.gov.cn/zwgk/ztzl/gjcjgxgg/xld/202410/t20241031_6556057.htm.

【分析提示】

这个案例凸显了以用户为中心的运营策略对于农产品电子商务集聚客户、提升客户的品牌忠诚度和实现可持续发展的重要性。这种集聚化的用户运营模式，不仅能够提高企业的市场竞争力，还能够提升供应链的稳定性和效率，为农产品电子商务的长期发展奠定坚实的基础。

任务二 探索农产品电子商务供应链管理

一、农产品电子商务供应链管理概述

农产品电子商务供应链管理，是指利用互联网技术来优化和管理农产品从田间到餐桌的整个流程，包括农产品的生产、加工、存储、运输、销售等各个环节。通过互联网在线平台，农产品电子商务供应链连接了农民、批发商、零售商和消费者等多重角色，使农产品能够高效、安全、经济地流通。它就像一个不停运行的大型“传送带”，目标是让新鲜的农产品以最快的速度、最低的成本从产地送到消费者手中，同时保证农产品的质量和服务。

（一）农产品电子商务供应链管理的相关概念

1. 供应链成员

在农产品电子商务供应链中，各个成员扮演着不同的角色，共同确保农产品从产地到消费者手中的整个流程高效、顺畅。

农产品电子商务供应链的主要成员如下：

（1）生产者（农户/农场）。

生产者是供应链的基础，他们种植或养殖农产品，是整个供应链的起点。

（2）加工企业。

加工企业负责将农产品加工成适合市场销售的商品，如将谷物磨成面粉，或将新鲜水果加工成果酱。

（3）供应商/分销商。

供应商/分销商从生产者或加工企业那里购买农产品，并将其分销给零售商或直接销售给消费者。

（4）电商平台。

电商平台提供在线销售渠道，使消费者能够方便地购买农产品。

（5）物流企业。

物流企业负责农产品的运输和配送，确保将产品在适当的时间内以良好的状态送达目的地。

（6）消费者。

消费者是最终购买和使用农产品的个人或组织。

2. 常见的供应链模式

（1）传统零售供应链模式。

传统零售供应链模式是最传统的一种供应链模式，它由供应商、批发商和零售商构成传统的商业链条。在这种模式下，农产品从生产者那里出发，经过供应商、批发商等中间环节，最终到达零售商，再由零售商销售给消费者。这种模式在现在的农产品市场中仍然占据重要地位，尤其是一些小型或传统市场。

（2）流通型供应链模式。

流通型供应链模式更加高效，通常应用于大型超市或连锁店的市场销售。在流通型供应链模式下，农产品通过现代化的物流系统，直接从生产者或大型供应商处输送到大型超市或连锁店。这种模式减少了中间环节，提高了流通效率，使得农产品能够更快地送达消费者手中。

（3）生产型供应链模式。

生产型供应链模式主要适用于大型农牧业生产企业，其特点是生产和流通链条更加高效和紧密。在生产型供应链模式下，大型农牧业生产企业通过整合和调配产地与销售市场的资源，将供应商和零售商直接联系起来，实现农产品从产地到终端市场的快速流通和分销。这种模式有助于企业更好地掌握市场需求，为消费者提供优质的农产品。

（4）国际化供应链模式。

国际化供应链模式是一种全球范围内的供应链模式，通常适用于大型跨国公司的经营和管理。在国际化供应链模式下，企业跨越国界，在全球范围内进行农产品的采购、生产和销售。这种模式需要考虑不同国家的政策、法规和文化差异，同时也需要应对国际市场的竞争和变化。

每种供应链模式都有其独特的优势和适用场景，农产品电子商务企业可以根据自身的业务规模、市场需求和资源条件来选择合适的供应链模式。同时，随着技术的发展和市场的变化，供应链模式也在不断创新和优化，以适应新的市场需求和消费者偏好。

3. 供应链技术

农产品电子商务供应链技术涵盖了多个方面，这些技术旨在提高供应链的透明度、效率和可持续性。下面是农产品电子商务供应链的一些关键技术：

（1）物联网技术。

物联网技术允许物品之间通过互联网进行信息交换和通信，可以使供应链上的各个环节实时共享数据。

在农产品电子商务供应链中，物联网技术可以用于追踪农产品的生长、采摘、加工、运输和销售等全过程。例如，通过在农产品包装上安装 RFID 标签，可以实时追踪农产品的位置、温度和湿度等信息，确保农产品在运输和储存过程中的品质和安全。

（2）大数据分析技术。

大数据分析技术可以对海量数据进行收集、存储、处理和分析，为决策提供有力支持。

在农产品电子商务供应链中，大数据分析可以帮助企业分析市场需求、消费者偏好和购买行为，从而优化库存管理、采购计划和销售策略。此外，通过对供应链数据的分析，还可以发现潜在的供应风险，并及时采取措施进行应对。

（3）区块链技术。

区块链是一种去中心化的数据库，它通过一系列加密技术确保数据的安全性和不可篡改性。

在农产品电子商务供应链中，区块链技术可以用于构建透明的追溯系统，供应链上每个环节的信息都可以被记录在区块链上，形成一个不可篡改的数据链。这样，消费者就可以查询到农产品的完整生产过程，保证产品的真实性和安全性。

（4）人工智能技术。

人工智能技术使计算机能够模拟人类的思维和行为，进行自主学习和决策。

在农产品电子商务供应链中，人工智能技术可以用于预测市场需求、优化物流路线和降低运输成本。例如，通过机器学习算法，可以预测某种农产品的未来销售趋势，从而提前调整生产计划和库存策略。

这些技术的综合应用，可以极大地提升农产品电子商务供应链的运作效率和透明度，帮助企业为消费者提供更加安全、优质的农产品。同时，这些技术也有助于企业降低成本、提高竞争力，实现可持续发展。

集思广益

说一说为什么要进行农产品电子商务供应链管理。

（二）农产品电子商务供应链管理的原则

农产品电子商务供应链管理的原则主要包括协同性、统一标准、可靠性、稳定性以及可持续发展等。这些原则共同构成了农产品电子商务供应链管理的基石，有助于确保供应链的高效、稳定与协同运行。

1. 协同性原则

协同性原则是农产品电子商务供应链管理的核心指导原则，它强调在供应链的各个环节和参与者之间建立紧密的合作关系，以实现整体效率和效益的最大化。

首先，协同性原则要求供应链中的各个企业和环节以市场需求为导向，共同制定和执行统一的战略目标。这意味着从生产者、供应商、分销商到最终消费者，所有参与者都需要紧密配合，确保产品从生产到销售的整个流程顺畅无阻。

其次，协同性原则强调信息共享和透明化。在农产品电子商务供应链中，信息的准确性和实时性对于决策至关重要。因此，各成员之间需要建立信息共享机制，及时传递产品状态、市场需求、价格波动等关键信息，以便各方能够迅速做出反应、调整策略。

再次，协同性原则注重资源的整合和优化。供应链各成员拥有不同的资源和优势，通过协同合作，可以实现资源的共享和互补，提高资源利用效率。例如，生产者可以利用电商平台的数据分析能力，优化生产计划；电商平台则可以利用物流企业的配送网络，提高产品送达效率。

最后，协同性原则还要求各成员在利益分配上保证公平和合理。通过建立公平、合理的利益分配机制，确保各方都能从合作中获得足够的收益，从而提升供应链的稳定性和可持续性。

2. 统一标准原则

农产品电子商务供应链管理的统一标准原则是指在整个供应链中，各成员应共同遵循一套统一的标准和规范，以确保信息的准确传递、流程的高效运作和资源的优化配置。这一原则在农产品电子商务供应链管理中尤为重要，有助于提升供应链的协同效率，降低运营成本，并增强市场竞争力。

首先，统一标准原则有助于确保信息的准确性和一致性。在农产品电子商务供应链中，各环节之间需要进行大量的信息交换，包括产品信息、订单信息、物流信息等。通过制定统一的数据格式、编码规则和传输方式，可以确保信息的准确传递和共享，减少信息不一致或误解导致的错误和纠纷。

其次，统一标准原则有助于优化流程和提高效率。农产品电子商务供应链涉及多个环节和参与者，通过制定统一的业务操作流程和管理规范，可以确保各环节之间的顺畅衔接和高效协作，减少重复劳动和资源浪费，提高整体运营效率。

再次，统一标准原则还有助于提升供应链的可靠性和稳定性。农产品由于具有易腐性、季节性等特点，因此对供应链的可靠性和稳定性要求较高。通过遵循统一的标准和规范，可以确保供应链的各个环节都能够按照既定的标准与要求进行操作和管理，从而降低风险，并增强供应链的韧性。

最后，统一标准原则也有助于农产品电子商务供应链的可持续发展。随着消费者对农产品品质和安全关注度的不断提高，农产品电子商务对供应链透明度和可追溯性的要求也越来越高。通过制定统一的标准和规范，可以推动供应链各环节在加强质量管理、环境保护和社会责任等方面的实践，促进供应链的可持续发展。

3. 可靠性原则

农产品电子商务供应链管理的可靠性原则是指在整个供应链运作过程中，各个环节能够稳定、高效、准确地完成各自的职责，以确保农产品能够按时、按质、按量地送达消费者手中。这一原则对于农产品电子商务的成功至关重要，它涉及多个方面，包括供应商管理、物流配送、信息管理、质量控制等。

首先，供应商管理是农产品电子商务供应链可靠性的基础。供应商的稳定性、信誉和产品质量直接影响供应链的可靠性。因此，农产品电子商务企业和平台需要严格筛选供应商，建立长期稳定的合作关系，并定期对供应商进行评估和审核，确保其能够按时交付高质量的产品。

其次，物流配送的可靠性和效率是农产品电子商务供应链可靠性的关键。农产品通常具有易腐性、季节性等特点，因此对物流的要求较高。农产品电子商务企业需要与可靠的物流公司合作，建立高效的物流系统，确保农产品在运输过程中的安全和品质。同时，还需要优化配送路线，降低运输成本，提高配送效率。

再次，信息管理是农产品电子商务供应链可靠性的重要方面。通过采用先进的信息技术，如物联网、大数据等技术，可以实现供应链各环节的信息共享和实时更新，提高信息的准确性和透明度。这有助于减少信息不对称，降低沟通成本，提高决策效率，从而提升供应链的可靠性。

最后，质量控制是农产品电子商务供应链可靠性的核心。农产品电子商务企业需要建立严格的质量控制体系，对农产品从源头到销售的全过程进行监管和检测。通过实施质量标准和认证制度，确保农产品的品质、安全性符合相关法规和消费者需求。

4. 稳定性原则

农产品电子商务供应链管理的稳定性原则指的是供应链在面临各种内外部挑战和变动时，能够保持其结构、功能和运行的连续性与一致性，确保供应链的顺畅运作和农产品的稳定供应。这一原则对于农产品电子商务的长期发展至关重要，有助于降低经营风险，提高客户满意度，增强供应链的整体竞争力。

首先，稳定性原则要求农产品电子商务供应链具备强大的适应性和韧性。面对市场需求的变化、供应商的调整、物流瓶颈等问题，供应链应具备快速响应和灵活调整的能力，确保供应链的连续性和稳定性。例如，通过建立弹性供应链机制，可以更好地应对突发事件和市场波动，降低供应链中断的风险。

其次，稳定性原则强调供应链各成员之间的长期合作和信任关系。通过建立紧密的合作伙伴关系，各成员可以共同应对挑战、分享资源和信息，实现互利共赢。这种合作关系有助于减少供应链上的摩擦和冲突，提高供应链的协同效率，从而提升供应链的稳定性。

再次，稳定性原则要求农产品电子商务供应链具备高效的信息管理和流通机制。通过采用先进的信息技术，加强供应链各环节的信息管理，完善信息流通机制，可以提高决策的准确性和效率，从而提高供应链的响应速度和稳定性。

最后，稳定性原则还要求做好农产品质量安全和风险管理。农产品电子商务供应链需要建立完善的质量安全管理体系和风险控制机制，确保农产品的品质和安全性符合相关法规和消费者需求。同时，还需要对供应链中的潜在风险进行识别和评估，制定相应的应对措施，以减轻风险对供应链稳定性的影响。

5. 可持续发展原则

农产品电子商务供应链管理的可持续发展原则是指在供应链的设计、运营和管理过程中，充分考虑环境、经济和社会三个维度的长期效益，实现资源的高效利用、环境的友好保护和社会的和谐发展。这一原则对农产品电子商务行业的长远发展和社会的整体进步具有重要意义。

首先，在环境维度上，可持续发展原则要求农产品电子商务供应链注重环保和资源的合理利用。在选择农产品生产地时，应优先考虑环境友好、生态平衡的区域，避免过度开发和破坏自然环境。同时，在农产品加工、运输和销售过程中，应采用绿色、低碳的技术和设备，减少能源消耗和污染物排放，从而减轻对环境的影响。

其次，在经济维度上，可持续发展原则强调农产品电子商务供应链的经济效益和竞争力。这就要求供应链各环节实现高效协同，降低运营成本，提高农产品质量和附加值，从而增强市场竞争力。同时，还应关注供应链的盈利能力和长期投资价值，确保供应链的稳健运营和可持续发展。

最后，在社会维度上，可持续发展原则注重农产品电子商务供应链对社会的贡献和责任。这包括确保农产品安全和质量，维护消费者权益；促进农村经济发展，提高农民收入水平；推动农业产业转型和升级，提升农业可持续发展能力。此外，还应关注供应链中的社会责任问题，如劳动权益保障、公平贸易等，确保供应链的公正性和可持续性。

实现农产品电子商务供应链的可持续发展，需要政府、企业和社会各界的共同努力。政府可以制定相关政策和法规，引导和支持农产品电子商务供应链的绿色发展和转型升级；企业可以加强技术创新和管理创新，提高供应链的环保水平和经济效益；社会各界可以加强宣传和监督，推动农产品电子商务供应链的可持续发展理念深入人心。

二、农产品电子商务供应链管理的思路、方法和策略

（一）农产品电子商务供应链管理的思路

下面我们以大型农产品电商平台——绿源农产品平台为例，说明农产品电子商务供应链管理的基本思路。

1. 优化供应链流程

通过分析和优化供应链的各个环节，包括供应商选择、农产品采购、仓储、物流配送等，加快供应链的响应速度，提高供应链的运作效率。

在实际操作中，绿源农产品平台通过整合上游供应商和下游消费者资源，建立了一个高效的供应链体系。同时，平台通过优化采购、仓储、配送等环节，实现了农产品的快速流通和低成本运营。

2. 确保农产品质量与安全

建立完善的农产品质量与安全管理体系，加强对农产品生产、加工、储存、运输等环节的监控和检测，确保农产品符合相关标准和消费者需求。

绿源农产品平台与优质农产品生产基地建立了长期合作关系，对农产品的种植、采摘、加工等环节进行严格控制。同时，平台还建立了质量检测体系，确保进入平台的农产品符合相关标准和消费者需求。

3. 强化合作伙伴关系

农产品电子商务企业和平台可以与供应商、物流服务商等建立长期稳定的合作关系，通过信息共享、协同作业等方式，降低交易成本，提高供应链的可靠性和稳定性。

绿源农产品平台与物流公司合作，共同开发智能物流系统，实现了农产品的精准配送和实时追踪。通过信息共享和协同作业，降低了交易成本，提高了供应链的可靠性和稳定性。

4. 提升信息化水平

利用现代信息技术手段，如物联网、大数据、人工智能等技术，实现供应链的信息化、智能化管理，提高供应链的透明度和可追溯性。

绿源农产品平台利用大数据、物联网等现代信息技术手段，实现了供应链的信息化、智能化管理。通过数据分析，平台能够精准预测市场需求，从而优化库存结构、降低库存成本。

（二）农产品电子商务供应链管理的方法

1. 供应商管理

制定严格的供应商筛选机制，对供应商的资质、信誉、产品质量等方面进行全面评估。同时，与供应商建立长期稳定的合作关系，确保农产品的稳定供应。

2. 库存管理

通过数据分析预测农产品的销售趋势，制订科学的库存计划。采用先进的仓储管理系统，实现农产品的分类存储、定期盘点和快速周转。

3. 物流配送管理

与多家物流公司合作，建设覆盖全国的物流配送网络。通过智能调度系统，实现农产品的快速配送和准确送达。同时，提供实时物流信息查询服务，方便消费者了解订单状态。

4. 数据分析管理

收集并分析农产品的销售数据、用户行为数据等，为供应链管理提供决策支持。通过数据驱动，企业能够不断优化供应链结构，提高运营效率。

（三）农产品电子商务供应链管理的策略

1. 供应商选择与管理策略

选择具有稳定供应能力和良好信誉的供应商，确保农产品的稳定供应。与供应商建立长期合作关系，通过信息共享和协同作业，降低交易成本，提高盈利能力，使供应链更加可靠、稳定。

2. 质量控制与安全管理策略

建立严格的农产品质量控制与安全管理体系，定期对农产品进行质量抽检，确保农产品符合相关标准和消费者需求。

3. 库存管理与优化策略

通过数据分析预测农产品的销售趋势，制订科学的库存计划，避免库存积压或短缺。采用先进的仓储管理系统，实现农产品的分类存储、定期盘点和快速周转。

4. 物流配送与渠道管理策略

选择具有高效配送能力和良好服务质量的物流公司，确保农产品能够及时、准确地送达消费者手中。建立多元化的销售渠道，包括线上电商平台、线下实体店等，扩大农产品的销售范围。

5. 信息化建设与数据驱动策略

利用大数据、物联网等现代信息技术手段，实现供应链的信息化、智能化管理。通过数据分析挖掘消费者需求和市场趋势，为供应链管理提供决策支持。

6. 品牌建设与市场推广策略

打造有特色的农产品品牌，提升农产品的知名度和美誉度。通过广告、促销、社交媒体等多种渠道进行市场推广，吸引更多消费者关注和购买农产品。

综上所述，农产品电子商务供应链管理的策略涵盖了供应商选择与管理、质量控制与安全管理、库存管理与优化、物流配送与渠道管理、信息化建设与数据驱动以及品牌建设与市场推广等多个方面。这些策略的实施有助于提升农产品电子商务供应链的管理水平，实现供应链的高效、稳定、可持续发展。

集思广益

除以上策略之外，农产品电子商务供应链管理的策略还有哪些？

运营故事

编织城乡双向配送网络

宝信物流位于河北省邢台市隆尧县，公司近年来加快推进物流触角向乡村的延伸，畅通农产品进城和消费品下乡渠道，致力于成为连接城市和乡村的桥梁。

在拓展物流网络的同时，宝信物流积极构建农产品供应链，立足自身冷链物流优势，整合带动农业基地，打造农产品进城直通车。

宝信物流通过联农带农建设 10 万余亩直采基地，不断探索农产品规模化出村进城途径，努力开拓更多销售渠道。公司一头连接田间地头，一头连接城市终端，通过全流程精细化管控，建设冷链仓储物流中心，实现农产品从田间地头直供消费者餐桌。目前，公司已设立 10 余家超市连锁店，正谋划开设 100 家新店。

为了进一步优化管理流程、提高运营效率、降低物流成本，宝信物流大力开展智能仓储管理、数据分析与优化等技术研发，推动传统物流向数字化、智能化和高效化全面升级。温度-1℃、相对湿度 92%、氧气浓度 4%……在红富士苹果存储库的智能控制屏上，各项参数数据一目了然。

此外，宝信物流还自主研发了物流信息公共服务平台、仓储可视化管理系统等 7 项软件系统，获得可拼装可移动的装卸平台、便于存取的冷藏箱等 3 项实用新型专利授权，实现了配送网络资源共享，提高了区域物流信息化水平。

依托科技的强有力支撑，宝信物流深耕“电子商务+农村物流”产业链，从前端收货到中间分拣再到末端配送，实现了多渠道收集货源、分拨集中分拣、班线运输及时派送，并且实现了从生产至消费全链路业务场景的智能化、标准化、规范化、系统化，破解了农产品上行和消费品下行的“最初和最后一公里”难题，蹚出一条农村电子商务与物流配送良性互动的新路子。公司获评全国先进物流企业、全国农村创业创新基地、中国冷链物流百强企业等荣誉称号。

资料来源：王胜强．编织城乡双向配送网络：宝信物流提升供应链效率．(2024-03-26) [2024-11-08]. https://baijiahao.baidu.com/s?id=1794572283198654387&wfr=spider&for=pc.

【分析提示】

宝信物流通过创新技术与模式，积极构建农产品供应链，有效连接了城市消费者与农村生产者，打通了双方之间供需关系，推动了农产品的高效流通，并获得了行业的高度认可。

项目总结

本项目我们学习了农产品电子商务用户运营和供应链管理的基本知识，了解了农产品电子商务用户运营的原则、思路、平台、工具和方法，学习了农产品电子商务供应链管理的思路、方法和策略。对这些知识的学习能够为我们将来更好地进行农产品电子商务用户运营和供应链管理做好铺垫。

项目检测

一、单项选择题

1. 下列哪项不属于农产品电子商务用户运营的用户类型？(　　)

A. 普通用户　　B. 核心用户

C. 潜在用户　　D. 目标用户

2. 私域流量指的是(　　)。

A. 通过搜索引擎、社交媒体等公共平台获得的流量

B. 企业或个人拥有的、可以自由控制和管理的流量

C. 通过广告和推广活动获得的流量

D. 通过合作伙伴或联盟获得的流量

3. 建立完善的用户服务体系不包括以下哪项？（　　）

A. 建立多渠道沟通方式　　B. 提供全天候服务

C. 及时回应用户反馈　　D. 提高产品价格

4. 以下哪项不是农产品电子商务供应链管理的原则？（　　）

A. 协同性原则　　B. 统一标准原则

C. 可靠性原则　　D. 利润最大化原则

二、名词解释

1. 农产品电子商务用户运营

2. 农产品电子商务供应链管理

三、简答题

1. 简述农产品电子商务用户运营的原则。

2. 简述农产品电子商务用户运营的方法。

3. 简要分析农产品电子商务供应链管理的方法。

4. 简述农产品电子商务供应链管理的策略。

四、论述题

1. 针对农产品电子商务用户运营提出你的建议。

2. 论述农产品电子商务供应链管理的意义。

项目延伸

通过在互联网上搜索，找出一个农产品电子商务用户运营和供应链管理的成功案例，并加以分析，写一篇不少于300字的心得。

参考文献

[1] 谭爽，杨丽莎，谢会强．农产品电子商务发展的现状、问题与对策 [J]. 物流科技，2024，47 (5)：66－68.

[2] 张芳．农产品电子商务村级物流体系构建路径研究 [J]. 全国流通经济，2024 (1)：32－35.

[3] 李末芝，海欣，刘晓东．基于乡村振兴视角的农产品电子商务发展对策 [J]. 商场现代化，2023 (24)：30－32.

[4] 林丹霞．农产品电子商务品牌化运营如何困境突围 [J]. 中国商界，2023 (11)：43－45.

[5] 秦君怡．农产品电子商务品牌化运营策略研究 [J]. 广东蚕业，2023，57 (3)：101－104.

[6] 刘娜娜，张峰伟．农产品电子商务全渠道供应链的逆向整合与优化 [J]. 商业经济研究，2022 (22)：153－156.

[7] 彭湘鄂．乡村振兴背景下农产品电子商务发展途径研究 [J]. 财富时代，2022 (9)：120－122.

[8] 文婧羽．农产品电子商务发展现状和建议 [J]. 上海商业，2022 (8)：37－39.

[9] 孟芸．数字经济时代农产品电子商务模式研究 [J]. 中国储运，2022 (8)：178－179.

[10] 葛晓滨．大数据技术赋能农产品电子商务运营的探究 [J]. 农场经济管理，2022 (6)：43－45.

[11] 田人豪，潘佳佳，柏亭羽，等．乡村振兴背景下农产品电子商务模式的研究 [J]. 农村实用技术，2022 (4)：49－52.

[12] 李庆斌．农产品电子商务与物流协同发展策略研究 [J]. 商场现代化，2022 (4)：90－92.

[13] 吾斯曼·吾木尔，李婷，热合木提拉·图拉巴．乡村振兴视角下新疆农村电商扶贫实施路径研究 [J]. 北方园艺，2020 (13)：146－151.

[14] 文小森，程乐．“互联网＋”视角下特色农产品电子商务路径选择及模式探析 [J]. 商业经济研究，2020 (13)：89－92.

[15] 张广思，张艳霞．新疆农产品电子商务发展的制约因素研究 [J]. 物流科技，2020，43 (4)：110－114.

[16] 岳嘉嘉．农产品冷链物流建设及电商销售成本构成分析 [J]. 农业经济，2020 (3)：140－142.

[17] 曾亿武，郭红东．农产品淘宝村集群的形成及对农户收入的影响研究［M］．北京：中国农业出版社，2018.

[18] 让·巴蒂斯特·萨伊．供给的逻辑［M］．黄文钰，沈潇笑，译．杭州：浙江人民出版社，2017.

图书在版编目（CIP）数据

农产品电子商务运营 / 葛晓滨主编．--北京：中国人民大学出版社，2025.01.--(新编21世纪高等职业教育精品教材）．--ISBN 978-7-300-32978-9

Ⅰ．F724.72-39

中国国家版本馆CIP数据核字第20244SS885号

新编21世纪高等职业教育精品教材・电子商务类

农产品电子商务运营

主　编　葛晓滨

Nongchanpin Dianzi Shangwu Yunying

出版发行	中国人民大学出版社		
社　　址	北京中关村大街31号	邮政编码	100080
电　　话	010－62511242（总编室）		010－62511770（质管部）
	010－82501766（邮购部）		010－62514148（门市部）
	010－62515195（发行公司）		010－62515275（盗版举报）
网　　址	http：//www.crup.com.cn		
经　　销	新华书店		
印　　刷	天津鑫丰华印务有限公司		
开　　本	787 mm×1092 mm　1/16	版　　次	2025年1月第1版
印　　张	12	印　　次	2025年1月第1次印刷
字　　数	260 000	定　　价	42.00元